本书得到山东省自然科学基金项目“衍生工具风险披露、动机性推理与投资者的投资判断——基于心理和行为视角的研究”（项目编号:ZR2019BG010）资助;
国家自然科学基金项目“信息可视化、审慎性思维与投资者的投资决策——基于心理和行为视角的研究”（项目编号：72302123）资助

RISK INFORMATION DISCLOSURE OF THE HEDGING AND INVESTORS' JUDGMENTS

套期风险信息披露与投资者判断

刘文欢 ◎ 著

中国财经出版传媒集团
经济科学出版社
Economic Science Press
·北 京·

图书在版编目（CIP）数据

套期风险信息披露与投资者判断/刘文欢著. --北京：经济科学出版社，2024.4

ISBN 978-7-5218-4846-5

Ⅰ.①套…　Ⅱ.①刘…　Ⅲ.①上市公司-会计信息-研究-中国　Ⅳ.①F279.246

中国国家版本馆 CIP 数据核字（2023）第 101063 号

责任编辑：纪小小
责任校对：靳玉环
责任印制：范　艳

套期风险信息披露与投资者判断

刘文欢　著

经济科学出版社出版、发行　新华书店经销

社址：北京市海淀区阜成路甲 28 号　邮编：100142

总编部电话：010-88191217　发行部电话：010-88191522

网址：www.esp.com.cn

电子邮箱：esp@esp.com.cn

天猫网店：经济科学出版社旗舰店

网址：http://jjkxcbs.tmall.com

北京季蜂印刷有限公司印装

710×1000　16 开　14.25 印张　220000 字

2024 年 4 月第 1 版　2024 年 4 月第 1 次印刷

ISBN 978-7-5218-4846-5　定价：58.00 元

（图书出现印装问题，本社负责调换。电话：010-88191545）

前　言

为规避汇率、利率、商品价格等大幅变动对公司业绩造成的不利影响，越来越多的公司使用期货、期权等衍生金融工具进行套期保值。如何合理、恰当地向公司的外部利益相关者，尤其是向投资者传递公司被套期项目及其套期工具的相关风险信息，使投资者能够较好地感知公司套期保值的风险状况，并作出比较恰当的投资判断，是提高会计信息质量、保护投资者利益的一个重要方面。本书以心理学中的相关理论为基础，采用实验研究方法检验了被套期项目及其套期工具的风险信息披露内容、形式对个体投资者判断的影响。

本书共分六章。第一章为引言；第二章为文献综述，分别回顾了市场风险信息披露、衍生金融工具使用的经济后果、信息披露内容形式等相关文献的研究现状；第三章基于心理学的个体认知能力有限性、启动效应、风险判断行为观等相关理论，分析了被套期项目及其套期工具的风险信息披露内容、形式对个体投资者判断的影响，提出了本书的研究假设；第四章介绍了实验总体设计及实验参与者；第五章对实验数据进行详细的分析，检验了研究假设；第六章对本书的研究结论进行总结，并讨论了可能存在的研究局限及未来研究方向。

本书的主要研究结论包括：

(1) 理论分析表明：由于个体投资者认知的局限性和启动效应等原因，被套期项目及其套期保值工具的风险披露内容和形式，会影响个体投资者的投资判断。这些内容和形式包括：仅披露被套期项目及其套期保值工具的损失风险、同时披露被套期项目及其套期保值工具的损失和收益风险，以及增加或单独披露套期保值后的净风险等。此外，还包括投资者对被套期项目价格上升风险的担忧程度、净利润波动程度会中介风险信息披露内容、形式对投资者投资判断的影响。

（2）实验结果表明：①不进行套期保值且对燃油价格波动风险仅披露损失信息，与进行套期保值且对燃油（被套期项目）价格波动风险及其套期保值工具风险仅披露损失信息，两种情况下，个体投资者判断的投资风险和投资吸引力均没有显著差异，即个体投资者未能感知到套期保值带来的风险降低，并作出了不恰当的投资判断。②与对燃油（被套期项目）价格波动风险及其套期保值工具风险仅披露损失信息相比，在此基础上增加披露套期保值后净风险的损失信息时，个体投资者判断的投资风险更低、投资吸引力更高，即个体投资者能够感知到套期保值带来的风险降低，并作出比较恰当的投资判断。但与前述的增加披露套期保值后净风险的损失信息相比，在仅披露套期保值后净风险的损失信息的情况下，个体投资者判断的投资风险更高、投资吸引力更低。

（3）实验结果表明：①与对燃油价格波动风险及其套期保值工具风险仅披露损失信息相比，当对燃油价格波动风险及其套期保值工具风险同时披露损失和收益信息时，个体投资者判断的投资风险更低、投资吸引力更高，即个体投资者能够感知套期保值带来的风险降低，并能够作出比较恰当的投资判断。②与不进行套期保值时对燃油价格波动风险同时披露损失和收益信息相比，在进行套期保值的情况下，对燃油价格波动风险及其套期保值工具风险同时披露损失和收益信息时，个体投资者判断的投资风险更低、投资吸引力更高，即个体投资者能够感知到套期保值带来的风险降低，并作出比较恰当的投资判断。③在对燃油价格波动风险及其套期保值工具风险同时披露损失和收益信息的情况下，无论是否增加披露套期保值后净风险的损益信息，个体投资者判断的投资风险和投资吸引力均没有显著差异；但与前述的增加披露套期保值后净风险的损益信息相比，仅披露套期保值后净风险的损益信息时，个体投资者判断的投资风险更高、投资吸引力更低。

（4）实验结果表明，个体投资者在进行投资判断的过程中，感知的燃油价格上升风险的担忧程度分别部分中介了净风险信息披露形式、风险信息披露内容对投资者判断的净利润波动程度的影响；净利润波动程度完全中介了燃油价格上升风险的担忧程度对投资风险判断的影响；投资风险判断完全中介了净利润波动程度对投资吸引力评价的影响。

以上结果表明，对于燃油价格波动风险及其套期保值工具风险，仅披露损失信息，未能使投资者感知到套期保值带来的风险降低，并使得投资者作出不恰当的投资判断；对燃油价格波动风险及其套期保值工具风险，同时披露损失和收益信息，或者在仅披露损失信息的基础上增加披露套期保值后净风险损失信息，均能使投资者感知到套期保值带来的风险降低，并使得投资者能够作出比较恰当的投资判断。

目录

第一章

引　言

近年来，为规避公司面临的汇率风险、利率风险、商品价格风险等市场风险，国内外越来越多的公司使用期货、期权等衍生金融工具进行套期保值，以降低公司经营业绩的波动程度，减少极端事件对公司持续经营的不利影响，保证公司的稳定运转。然而，套期保值过程中，因作出的不恰当衍生金融工具使用决策，国内外的许多知名公司也遭受了巨大的未预期损失，例如巴林银行、中国国际航空、中国东方航空等，严重地损害了投资者利益。因此，套期保值情形下，及时披露公司可能面临的相关风险信息，对投资者的投资判断至关重要。

国外监管机构美国证券交易委员会（Securities and Exchange Commission，SEC）、国际会计准则理事会（International Accounting Standards Board，IASB）以及中国证券监督管理委员会（以下简称“证监会”）、财政部等，都要求公司定期地通过敏感性分析等形式披露公司面临的风险信息（SEC，1997；IFRS 7，2005；《企业会计准则》，2014），使投资者可以及时了解公司套期保值过程中面临的风险，作出恰当的判断和决策。然而，基于国内外信息披露规定的灵活性以及套期保值业务的复杂性，在实务中公司对市场风险披露的信息内容、形式是不尽相同的，公司有较大的自主选择权。与套期保值相关的风险信息披露中应包括哪些内容、采取什么形式能够更恰当地传递公司的风险信息，一直是国内外监管机构关注的焦点问题，也是保护投资者利益的重要方面。

第一节 问题的提出及研究意义

一、问题的提出

（一）国内外相关披露规定及披露现状

对财务报表及其附注中的信息进行分析，是投资者作出投资判断过程的重要组成部分。财务报表及其附注中的信息大多与风险相关，基于风险信息，投资者可以使其投资组合充分多样化。随着公司大范围地、越来越多地使用金融工具及其衍生品（Bodnar et al.，1998），公司定期地提供给投资者一些关于其持有的金融工具及其衍生品的信息，很大程度上会影响投资者对公司的风险感知，以及作出的投资判断。市场风险信息实质上是一类前瞻性的风险信息，理解这些信息有助于报表使用者恰当、合理地解读信息，对公司未来具有不确定性的风险作出合理的分析判断，进而作出比较恰当的投资判断。

自20世纪90年代开始，国外的监管机构开始制定与套期保值业务相关的信息披露规范。美国证券监督委员会（SEC）于1997年颁布了第48号财务报告公告——“对衍生金融工具和衍生商品工具会计政策披露及对衍生金融工具、其他金融工具和衍生商品工具内在的市场风险的定量和定性信息披露”（Financial Reporting Release No. 48，Disclosure of Accounting Policies for Derivative Financial Instruments，and Derivative Commodity Instruments and Disclosure of Quantitative and Qualitative Information About Market Risk Inherent in Derivative Financial Instruments，Other Financial Instruments，and Derivative Commodity Instruments）对公司披露的市场风险信息做出了明确的规定。1997年，SEC颁布的第48号财务报告公告《对于衍生金融工具和衍生商品工具会计政策披露及对于衍生金融工具、其他金融工具和衍生商品工具内在的市场风险的定量和定性信息披露》（FRR No. 48）中将“市场风险”（market risk）定义为，由于市场化利率或价格（如利率、汇率、商品价格等）的不利变化导致公司遭受损失的风险。定量市场风险信息披露的目标是提供给投资者关于公司可能面临的与衍生工具相关的市场风险前瞻性信息，强制要求公司披露导致其价值遭受损失的风险信息，不强制要求披露可能产生收益的信息。同时，公司可以选择3种方式之一进行定量披露，即敏感性分析、在险价值（Value at Risk，VaR）和列表形式。在敏感性分析披露形式中，公司可以自行决定计算损失风险的计量基础，可以选择使用净利润、公允价值或现金流量三者之一进行量化。此外，FRR No. 48也鼓励公司披露与预期购买商品或存货销售相关的非衍生工具的定量分析结果。

国际会计准则委员会（IASB）于2005年发布了国际财务报告准则第7号《金融工具：披露》（International Financial Reporting Standard 7：Financial Instruments：Disclosures，IFRS 7），要求公司披露金融工具引发的相关风险的定性和定量信息，以有助于使用者更好地评价公司的风险敞口。其中，定量信息要求公司在报告期末应当对面临的每一类风险进行敏感性分析，说明相关市场变量在期末发生合理可能的变动时，公司业绩可能发生的收益和损失。此外，在国际财务报告准则实践声明《管理层说明》（IFRS Practice Statement Management Commentary）中也指出，管理层应当披露公司的主要风险、风险的变化以及减轻风险的计划和策略，并要求披露风险管理策略的有效性。对于公司面临的主要风险，要求披露风险导致的负面结果和潜在机会。我国金融工具的相关准则要求与国际会计准则较为类似，《企业会计准则第37号——金融工具列报》中指出，要求公司应当对资产负债表日面临的各类市场风险信息进行敏感性分析，披露相关风险变量发生合理、可能的变动时对当前损益或所有者权益的影响。

根据上述披露规范，国内外上市公司在市场风险信息的披露内容和形式中表现出一定的差异。基于美国SEC的规定，美国的大多数上市公司在市场风险信息的披露中，使用敏感性分析形式披露了利率、汇率、商品价格等不利的变化导致金融工具公允价值的不利变化对公司业绩造成的损失（Roulstone，1999）。例如，诺布尔能源公司（Noble Energy）在2019年的年度报表（10-K）文件中披露了如果油价变动10%可能导致公司损失的金额；阿布拉克斯石油公司（Abraxas Petroleum, Cor. P）在2018年的年报中披露了石油和天然气价格下降1美元，将导致与石油、天然气对应的衍生金融工具公允价值变化，减少公司利润的金额。虽然SEC强制要求公司披露由于市场因素变动导致其持有的金融工具可能引发的负面影响，但没有禁止公司披露可能对公司业绩产生的收益影响，一些公司的年报中也自愿披露了可能给公司业绩带来的收益。例如，美国联合大陆航空公司（Continental Holdings, Inc.）在2015年年报中披露了假定持有的商品衍生金融工具的商品价格分别上升或下降10%，导致公司利润增加或减少的金额。使用国际会计准则和我国的一些上市公司，根据准则要求，多数都在敏感性分析中披露了市场变量发生可能的变动时，公司业绩可能遭受的收益和损失。例如，英国航空公司（British Airways）、我国的东方航空公司在金融工具的敏感性分析中，都披露假定燃油价格增加或减少30%（5%）导致的燃油期货合约的损失或收益对公司税前净利润的影响金额。

虽然监管部门强制要求公司披露金融工具的市场风险信息，但也鼓励公司披露非金融工具的市场风险信息，在年报的市场风险信息披露中，一些上市公司对套期保值前被套期项目的价格变化的影响进行了敏感性分析。例如2019年达美航空公司（Delta Air Lines, Inc.）年报中，披露不考虑衍生金融工具套期保值影响的情形下，燃油价格增加1美分对公司燃油成本的影响。同时，也有公司自愿披露了套期保值后的净风险信息，比如2017年卡地纳健康公司（Cardinal Health, Inc.）进一步在外汇风险敏感性分析中披露了套期保值后，10%汇率变化对企业盈利的净影响金额，即被套期项目的影响与套期工具的影响抵消后得到的金额。另外，有一些公司仅披露了套期保值后的净风险信息，没有披露套期保值前被套期项目的风险信息以及衍生金融工具的风险信息，比如2019年康斯托克资源公司（Comstock Resources, Inc.）披露了考虑持有的燃油套期保值工具的影响下，假定每桶石油价格1美元变化所引起的现金流变化的金额。

综上所述，基于国内外监管规范要求的不同，以及公司拥有的一定程度的自由裁量权，公司在对被套期项目及其套期工具的风险信息披露中呈现出不同的内容和形式。

（二）风险信息披露存在的问题

尽管风险信息对投资者的判断和决策至关重要，但年报中公司披露的风险信息却是不充分的，许多公司仅披露了规范要求的最低限度的风险信息，或只是一般性地陈述公司的风险管理政策，缺少对特定风险有用的信息描述，没有全面、全方位地披露公司的风险（Linsley and Shrives，2005；Woods，2004；Linsley et al.，2006），风险信息披露量不足可能使投资者无法充分地评价公司的风险状况（Linsley et al.，2006）。一些研究也表明，投资者在不断地积极搜寻更多的公司管理层所面临的风险和不确定的信息（Mayo，2002；Ryan，1997），并认为当前可获得的信息是不充分的（Buffett，2003）。如果投资者不能够基于公司披露的基本经济信息判断金融工具及其衍生品的风险，则持有金融工具及其衍生品的公司将被错误定价（Guay and Kothari，2003）。

霍德等（Hodder et al.，2001）从个体财务报告使用者的视角论述了 FRR No. 48 中的市场风险披露规定对个体使用者的行为影响，认为 FRR No. 48 没有要求披露潜在的收益信息、多个结果分布等对风险评价而言重要的定量信息，可能导致投资者作出不恰当的风险评价。2011 年和 2013 年，特许金融分析师协会（Chartered Financial Analyst，CFA Institute，2011；2013）从使用者的视角基于第 7 号国际会计准则（IFRS 7）分别发布了金融工具的信用风险、流动性风险、市场风险披露质量的研究报告，以及衍生金融工具和套期保值活动披露质量的研究报告。特许金融分析师协会（CFA Institute）通过问卷调查和访谈等形式发现，总体而言，89.7% 的被调查者使用金融工具风险信息进行公司估值。然而，被调查者对金融工具风险信息披露的满意度较低，对信息披露内容满意的被调查者只占 48%，对信息披露内容可理解性满意的只占 42%。被调查者认为原因在于由于风险信息披露的不完整性和零散性，使用者难以获得并理解相关风险信息，市场风险分类过于宽泛，定性信息没有信息含量、经常与定量信息披露不一致，定量信息披露的可信度较低，风险信息披露的一贯性和可比性较低，以及缺少关于整体风险管理的信息。特许金融分析师协会进一步对市场风险信息的调查发现，70.5% 的被调查者认为市场风险信息是重要的，但只有40.7%的被调查者对市场风险信息披露内容表示满意，他们认为，市场风险披露过于宽泛，市场风险内容应当被细化；定量披露中可以包括更多的内容，比如增加披露敏感性分析使用的方法、输入因素和假设等。特许金融分析师协会在关于套期保值活动的研究报告中指出，被调查者认为当前没有很好地整合衍生金融工具、套期活动和市场风险信息披露，改进的建议之一是描述套期保值前、套期保值后的风险敞口。

公司的风险信息披露状况与投资者的判断和决策行为直接相关，在被套期项目及其套期工具的风险信息披露中，一些风险信息的内容、形式可能使投资者不能较容易地搜索到其需要的信息，不利于投资者作出恰当的投资判断。因此，考察公司风险信息披露的内容、形式如何影响投资者的风险感知过程，进而影响其能否作出恰当的投资判断，如何改进和规范风险信息披露内容和形式，使其更有助于投资者作出比较恰当的投资判断，是十分重要的研究问题。

（三）研究问题

国内外公司关于被套期项目及其套期工具的风险信息披露的内容、形式不尽相同。对金融工具市场风险信息披露的内容中，多数美国上市公司仅披露了假定商品价格、利率等市场因素变化时，其持有的金融工具公允价值变化可能导致公司业绩遭受损失的情形，即套期保值工具风险信息，但一些公司的年报中也自愿地披露了可能给公司业绩带来收益的信息。IASB和我国的上市公司基于会计准则规定，大多披露了相关市场变量发生合理变化时，其持有的金融工具对公司产生的损失和收益的影响。同时，实务中一些公司在年报中采用敏感性分析形式，自愿披露了被套期项目相关的风险信息，有的公司也自愿披露了套期保值后公司面临的净风险信息，这些信息与套期保值工具风险信息一起，可以清晰地描述出公司面临的市场风险状况，有助于投资者理解公司在套期保值过程中所面临的风险的来龙去脉，作出恰当的投资判断。

本书聚焦公司使用期货合约对预期购买的商品进行现金流量套期保值的情形下，假定商品价格发生变动时，公司披露的被套期项目及其套期工具的风险信息的内容、形式如何影响投资者判断，提出并检验风险信息披露改进方式的有效性，以及投资者判断的具体思考过程。

具体而言，本书主要研究以下几个问题：

（1）相对于不进行套期保值的情形，公司使用期货合约对预期采购的商品进行套期保值，在被套期项目及其套期工具的风险信息内容中仅披露损失信息时，投资者能否比较恰当地区分公司的套期保值状况？投资者的判断是否发生偏误？风险信息内容中同时披露损失和收益信息，将如何影响投资者的判断？能否改进投资者的风险判断和投资决策？

（2）在披露被套期项目及其套期工具风险信息基础上，增加披露套期保值后的净风险信息形式，能否有助于投资者作出恰当的投资判断？公司仅披露套期保值后的净风险信息时，投资者的判断是否会发生偏误？

（3）通过中介效应分析研究投资者判断的具体决策过程，投资者感知的对商品价格上升风险的担忧程度、判断的净利润波动程度等能否作为中介变量影响投资者判断的具体过程？

二、研究意义

本书拟采用实验研究方法，研究被套期项目及其套期工具的风险信息披露的内容、形式对个体投资者判断的影响。本书对会计理论研究及会计实务具有重要的意义，具体体现在以下几个方面：

（一）为监管部门提供改进会计信息披露质量方面的有价值建议

风险信息和不确定性信息的披露作为财务报告的重要部分（Linsmeier and Pearson，1997），很大程度上影响投资者作出的风险判断和投资决策的恰当性及合理性。本书通过研究和检验不同的风险信息披露内容、形式对投资者判断的影响，目的在于发现当前相关准则或规定的风险信息披露要求中，是否存在可能使投资者产生判断偏误的不太合理部分，提出并检验有助于投资者判断的风险信息内容和形式，以期为监管部门修订相关的风险信息披露规定提供有价值的政策建议。通过对风险信息披露内容、形式影响方面的考察，有利于改进公司的信息披露质量，并规范公司的信息披露行为，为投资者提供更多有价值的、与决策密切相关的信息，使投资者可以及时地了解公司的运营情况，比较合理地判断公司风险，进而作出恰当的投资判断，对推动资本市场的完善和发展具有重要意义。

（二）基于心理学的视角丰富和扩展会计理论

经济学理论认为人是完全理性的，资本市场交易活动是“公平游戏”，非老练的投资者可以受到市场信息有效性的保护，人们处理信息时不会受到信息表达方式、列示形式、列示位置等情形的影响。然而，自20世纪80年代开始，一些研究表明资本市场并非能达到半强势有效，有些市场甚至是弱势有效的（Fama，1998；Kothari，2000；Thaler，1999），基于有效市场理论得出的一些研究结论遭到了质疑（Ball，1992）。实验研究学者借助于心理学理论，尤其是判断与决策理论（judgment and decision making），解释市场中参与个体的行为，进而基于个体的行为解释市场的行为（Libby et al.，2002）。心理学理论认为，个体注意力具有一定程度的选择性，导致个体认知能力的局限性。基于双重加工模型（dual-process model），个体投资者有限的认知能力和相对较少的专业投资知识，使其往往更可能使用相对无意识的、启发式的信息处理模式来加工处理信息。心理学中的启动效应指出，一些刺激因素激活了人们记忆中的某些构念（construct），随后可能使人们无意识地增加使用当前被激活的构念进行信息处理（Higgins et al.，1985；Levin et al.，1998）。本书研究关注的风险信息披露内容中，仅披露损失情形与同时披露损失和收益两类情形下，个体投资者记忆中被激活的构念是不同的，可能导致个体投资者在信息处理方面存在差异。个体在有限的注意力下，通常想要付出较少的认知成本，在考虑如何对信息线索赋予权重或判断线索的重要程度时，信息列示的明确程度可能影响个体付出的认知成本。本书关注风险信息披露的形式中，套期保值后净风险信息披露形式对投资者付出的认知成本、赋予信息权重的影响，以及可能对投资者的投资判断产生的不同影响。本书将心理学的相关理论运用到投资者信息处理的分析中，不仅有助于深入理解和探究会计信息使用者的判断和决策过程，而且更有利于丰富和扩展心理学理论在会计领域的应用。

（三）深入理解个体投资者在投资判断中的信息加工过程

个体投资者也称为非职业投资者，作为资本市场参与者的重要群体，与职业投资者相比，他们有较少的投资知识，在信息搜索、阅读、解释、判断等方面都有较大的差异，往往选择次优的决策。统计数据显示，美国公众公司会计监督委员会（PCAOB）、SEC 等都密切关注个体投资者如何使用会计信息（Cox，2006；Pitt，2001），在美国股票市场中直接投资的个体投资者持有美股市值约 20 万亿美元，占比约为 35%（王萦心，2021）。在我国，据《中国证券登记结算统计年鉴》显示，截至 2021 年末，我国 A 股账户中自然人（个体投资者）账户总数占总体账户数的 99.78%。相对于职业投资者，个体投资者对不同的财务报表项目通常没有预先的重要理念或感知到的关系（Bouwman，1982；Hunton and McEwen，1997），往往缺乏专业投资知识，依赖于不完善（ill-defined）的估值模型作出判断和决策（SRI International，1987；Maines and Mcdaniel，2000）。基于个体投资者的重要性，一些研究关注财务信息列示如何影响个体投资者的判断和决策（Maines and McDaniel，2000；Bloomfield et al.，2012；Clor－Proell et al.，2014）。

本书检验被套期项目及其套期工具的风险信息披露内容、形式对个体投资者判断的影响，并使用中介变量，通过中介效应分析检验个体投资者作出判断的具体认知过程，有利于全面洞察个体投资者的信息加工及判断过程。同时，通过中介效应分析，也进一步地检验风险判断行为观理论中相关风险判断的行为变量，比如对风险的担忧程度等，如何影响个体投资者的风险判断和投资决策过程，以及提出的减轻个体投资者判断偏误的两类方式如何通过这些行为变量，使个体投资者作出比较恰当的投资判断。通过这些讨论，一方面表明，风险判断行为观中的相关行为变量，对于个体投资者的投资判断过程是非常重要和不容忽视的；另一方面，从个体投资者风险判断和投资决策的视角，进一步丰富和扩展了风险感知方面的研究，具有重要的理论意义。

第二节　研 究 背 景

随着全球经济一体化的深入，公司在经营过程中不可避免地面临多种风险的挑战。为使其生产、经营活动按预定计划进行，减轻市场价格风险的影响，许多公司都通过套期保值活动控制公司的风险，减少公司经营业绩的过度波动，保持稳定的经营状况。与此同时，随着金融产品及其衍生工具的不断创新，公司可供选择的套期工具越来越多，公司对套期保值活动的操作和程序也越来越复杂。SEC、IASB 以及我国监管部门对公司如何及时披露套期保值活动及其风险做出了明确的规定。

一、国内外套期保值及风险管理现状

（一）关于套期保值

自 20 世纪初期开始，随着套期保值活动的活跃，国外理论界对套期保值理论进行了一系列探讨和研究，大致可分为传统套期保值理论、强调基差风险的套期保值理论以及现代套期保值理论。30 年代，凯恩斯和希克斯（Keynes and Hicks）首先提出了传统套期保值理论。该理论认为套期保值是一种静态行为，对于同一商品，在确定了需要进行套期保值的现货数量后，在期货交易中建立的交易头寸，需要与现货交易数量相等并方向相反。商品现货价格与期货价格的影响因素基本相同，其价格的走势将趋于一致，从而当现货交易出现不利于交易者的价格变动时，交易者可以利用其在期货交易中的盈利弥补现货交易中的损失。

然而，现实的交易实务中可能存在基差风险，即由于期货价格的变动和现货价格的变动不完全相同，导致期货市场的收益与现货市场的损失不能完全相抵。为克服基差风险，20 世纪 60 年代，沃金（Working，1962）提出了强调基差风险的套期保值理论，该理论认为套期保值的核心不是在于消除公司面临的商品价格风险，而是基于基差的变化或预期基差的变化以发现期货市场与现货市场间的价格变动，从而获得利润、进行套期保值。套期保值者利用期货交易以避免现货市场价格较大变动风险的同时，也接受了基差变动这一相对较小的风险。该理论认为现货和期货交易中的商品品种只要有关联性，并保持方向相反和数量相等即可，商品品种可以有所相同。

现代套期保值理论是基于组合投资理论对套期保值概念进行解释，由约翰逊（Johnson，1960）、埃丁顿（Ederington，1979）等提出，该理论将现货市场和期货市场的头寸看作公司的资产。套期保值的实质是，公司对现货市场和期货市场交易头寸的确定，是根据公司对现货市场资产和期货市场资产进行组合投资后的预期收益及其方差做出，以实现效用最大化的目标。期货市场上套期保值的比例可以根据套期保值的交易目的、现货市场和期货市场价格的相关性自行选择，随时调整期货交易的数量。

基于这些理论，可以看出套期保值的基本做法是，买进或卖出的商品期货合约与现货交易方向相反、交易数量大致相等，在未来通过卖出或买进相同的期货合约对冲平仓。现货交易中价格变动所带来的实际价格风险及其对公司的损益影响，可以通过期货交易中带来的盈利或亏损予以补偿或抵消。

（二）套期保值业务开展现状分析

在公司的风险管理活动中，套期保值业务扮演着越来越重要的角色。1994 年、1995 年、1998 年，沃顿商学院（Wharton School）和加拿大帝国商业银行世界市场公司（CIBC World Markets）针对美国非金融类公司进行了 3 次关于财务风险管理实务和衍生金融工具使用方面的调查，调查结果显示，使用衍生金融工具进行套期保值公司的比例持续增加，从 1994 年的 35%、1995 年的 41% 上升至 1998 年的 50%；其中相比于以前年度，42% 的公司对衍生金融工具的使用有所增加，46% 保持不变。1998 年的调查结果还表明，不同生产规模公司的使用情况也有所不同，83% 的大型公司使用衍生金融工具进行套期保值，中等规模公司为 45%，小规模公司仅为 12%；83% 公司使用衍生金融工具管理公司的外汇风险、76% 公司用其管理利率风险、56% 公司用其管理商品价格风险、34% 公司用其管理股价风险。1995 年，沃顿商学院等对加拿大公司使用衍生金融工具进行套期保值的状况的调查发现，55% 公司使用衍生金融工具进行套期保值，其中大规模公司占49%，中等规模公司为27%，小规模公司为24%；92%公司使用衍生金融工具管理外汇风险，65%公司使用衍生金融工具管理利率风险，57%公司使用衍生金融工具管理商品价格风险（Wharton School，1995）。博德纳尔和格布哈特（Bodnar and Gebhardt，1999）对德国公司使用衍生金融工具的套期保值情况进行调查分析，并与1995年美国公司的调查结果进行对比发现，德国公司比美国公司更可能使用衍生金融工具进行套期保值，即德国为78%，而美国为57%；同时也发现两个国家套期保值的相同点，比如套期保值最普遍的领域均为外币风险方面，第二是利率风险，第三是商品价格风险；两个国家的套期保值情况也存在一些不同，比如套期保值目标、衍生金融工具选择等。

巴特拉姆等（Bartram et al.，2009）将48个国家的7 292家非金融类公司作为研究样本，研究发现，59.8%的公司使用一般衍生品，43.6%的公司使用用于规避外币风险的衍生品，32.5%的公司使用用于规避利率风险的衍生品，10%的公司使用用于规避商品价格风险的衍生品。2009年，国际互换和衍生品协会（ISDA）发布了涉及34个国家的前500强企业的调查结果，分析发现世界前500强公司中，加拿大、法国、英国、日本和荷兰的所有公司都使用套期工具管理公司风险，德国公司为97%、美国公司为92%，韩国和中国公司中所占比例最少，但仍然占到87%和62%。2012年，英国巴克莱银行（Barclays）和公司主管联合会（The Association of Corporate Treasurers，ACT）主要对欧洲国家的跨国公司进行了一项调查，调查结果表明，92%的公司主管认为减少公司盈余的波动是进行风险管理的首要目标，66%的公司主管认为外汇风险是公司重点考虑的风险。虽然相比于国外公司，我国上市公司参与套期保值业务的比例较少，但研究也表明，参与套期保值的上市公司的数量也在逐年增加，比如，据中国上市公司协会统计，2022年A股上市公司中有1 130家发布套期保值公告，套期保值参与率达到22.89%。

综上所述，随着近年来套期保值理论及实务的发展，在公司风险管理中，国内外使用衍生金融工具进行套期保值的公司比例迅速增加，套期保值的范围不断扩大，呈现出越来越复杂的态势。在公司使用衍生金融工具规避公司风险的同时，如何合理、恰当地向公司的外部利益相关者传递公司的被套期项目及其套期保值工具的风险信息，是提高会计信息质量的重要方面。

二、套期保值及其风险信息披露的相关规定

随着衍生金融工具的广泛使用，SEC、美国财务会计准则委员会（Financial Accounting, Standards Board, FASB）、IASB 及我国监管机构等对公司套期保值及其风险信息披露做出了相应的规定。

（一）美国 SEC 与 FASB 的规定

1. SEC 相关规定

公司使用金融工具或衍生金融工具时，应当预期市场价格的一定程度变动，如利率、汇率、商品价格变动，可能导致的公司现金流、公允价值或盈余的变化。FRR No. 48 要求公司披露关于市场风险的两种类型信息——定性信息和定量信息。FRR No. 48 将“市场风险”定义为，由于市场化利率或价格的不利变化导致公司业绩遭受损失的风险。其中，定性信息既包括披露公司识别出的主要市场风险，如汇率风险、利率风险、商品价格风险等，也要求公司披露其风险管理目标、管理风险策略、所使用的衍生金融工具类型及会计政策等。

对于定量信息，FRR No. 48 规定定量信息披露的目标是提供给投资者关于公司可能面临的市场风险的前瞻性信息，只要求包括对公司价值带来损失的风险信息，不强制要求披露能够带来公司收益的不确定性信息，表明 SEC 是基于损失定义风险。同时 FRR No. 48 也鼓励公司披露与预期购买商品或存货销售相关的非衍生金融工具的定量分析结果。公司可以选择三种方式中的一种进行定量披露，包括敏感性分析、VaR 和列表形式。其中，敏感性分析形式是假定与金融工具相关的市场价格（如汇率、利率、商品价格）变动的情形下，公司估计的现金流、盈余或公允价值的损失。换言之，在敏感性分析中，仅要求公司披露与衍生金融工具相关的假定价格或利率变化可能导致公司遭受损失的金额。同时也规定，假定的市场价格的变化要求公司在近期合理变动的基础上做出，除非有合理的理由，否则不应当低于报告期末市场利率或商品价格的10%。VaR 形式的特点是披露在正常的市场条件下投资组合绩效最差的情形，即在给定期间、给定的

可能性水平下，公司遭受的由市场风险敏感性工具导致的现金流、盈余或公允价值方面的最大损失；除非有合理理由，否则用于测度损失可能性的置信区间不低于95%。列表信息列示了受市场风险影响的资产和负债的信息，公司应当披露资产负债表日后5年中每年的市场风险敏感性工具的公允价值和平均价格，以及未来超过5年的年度综合结果。

2. FASB 相关规定

FASB 早在20世纪90年代就开始着手制定并发布与衍生金融工具相关的市场风险信息披露以及与套期活动相关的会计准则。1990年，FASB 颁布的财务会计准则公告第105号《关于表外风险金融工具以及信用风险集中金融工具信息披露》（SFAS No. 105）中，要求公司披露具有信用风险或市场风险的金融工具导致的会计损失，其中包括未来市场价格变化导致金融工具的价值减少情形（即市场风险）。1991年发布的财务会计准则公告第107号《金融工具公允价值披露》（SFAS No. 107），要求公司披露金融工具公允价值的确定方法、公允价值估计使用的方法和重要假设，若无法估算公允价值应披露金融工具的有关信息（如账面价值、实际利率、到期日等）。

1994年 FASB 颁布的财务会计准则公告第119号《衍生金融工具的披露和金融工具的公允价值》（SFAS No. 119）中，对 SFAS No. 105 和 SFAS No. 107 进行了修订。其中，要求公司分别披露持有或发行的用于交易目的和非交易目的的衍生金融工具的金额、性质和条款；公司持有或发行的衍生金融工具并将其视为对预期交易进行套期保值时，要求公司披露预期的交易、用于对预期交易进行套期保值的衍生金融工具的类型、递延的套期收益或损失的金额、导致盈余中递延收益或损失确认的事项；鼓励但不强制要求公司披露利率、外汇、商品价格或其他衍生金融工具市场风险方面的定量信息。

1998年颁布的财务会计准则公告第133号《衍生金融工具及其套期活动会计》（SFAS No. 133），为衍生金融工具及套期活动的会计核算和报告做出了规定，要求公司将衍生金融工具指定为公允价值套期、现金流量套期、境外经营净投资套期三种类型，分别进行披露。对于指定为对确认的资产或负债变化以及公司承诺风险进行套期保值的衍生金融工具，套期工具的收益或损失在当期的变化，以及被套期项目的抵消收益或损失，都在盈余中确认。对于指定为对预期交易的现金流量变化风险套期的衍生金融工具，规定衍生金融工具损失或收益有效的部分，初始时在其他综合收益部分报告（盈余外），在交易影响盈余时，随后将其重分类为盈余，而收益或损失无效的部分计入当期盈余。

2006年FASB颁布了财务会计准则公告第157号《公允价值计量》（SFAS No. 157），主要内容包括公允价值的定义、公允价值的初始确认、估价技术及其参数、公允价值层级、公允价值披露。要求公司初始确认后，在报表中披露基于当期的金融头寸确认的资产和负债的公允价值，要求在所有期间（包括中期和年度）使用表格形式进行定量披露，在年报中要求对用于估计公允价值的估值技术进行定性披露。

为进一步提高财务报告中衍生金融工具及套期活动信息披露的透明度，2008年FASB颁布的财务会计准则公告第161号《衍生金融工具及其套期活动会计》（SFAS No. 161）中，对SFAS No. 133进行了修订，并修订了SFAS No. 107的部分内容，取代了SFAS No. 105、SFAS No. 119。该准则的目标是，增强财务报告使用者对一些问题的理解，即公司如何以及为何使用衍生金融工具、衍生金融工具以及相关的被套期项目如何进行会计核算、衍生金融工具和相关的被套期项目如何影响公司的财务状况、经营业绩和现金流等。为实现上述目标，准则要求对衍生金融工具使用的目标和策略进行定性披露，对衍生金融工具公允价值金额及其收益和损失、衍生合同中与信用风险相关的或有事项进行定量披露。

（二）IASB发布的相关规定

1998年12月，国际会计准则理事会前身国际会计准则委员会（IASC）发布了国际会计准则第39号《金融工具——确认与计量》（IAS 39），对金融工具、套期保值活动的会计处理和披露，做出了比较全面的要求。此后，在2000~2005年就金融投资确认时点、金融资产减值、金融资产终止确认等问题对IAS 39进行了多次补充和修订。2009年，在全球金融危机的背景下，迫于压力IASB与FASB联合启动了“金融工具确认和计量”改进项目，IASB于2009年11月发布了国际财务报告准则第9号《金融工具》的第一部分“分类和计量”，随后发布了第二部分“金融工具减值”、第三部分“套期保值会计”部分的征求意见稿，并于2013年

11 月完成了第三部分“套期保值会计”的修订。其中，套期保值会计与 IAS 39 的差异主要包括，增加了被套期项目范围、扩大了套期工具的标准、取消对套期有效性临界值的规定、要求增加套期会计处理的信息披露等，在披露要求中，要求增加对公司风险管理策略、套期活动引发的现金流以及套期会计处理对财务报表影响的披露内容。

2005 年，IASB 发布了国际财务报告准则第 7 号《金融工具：披露》(IFRS 7)，将所有关于金融工具披露的内容整合至一份单独的准则中。其中，要求公司披露金融工具引发的相关风险的定性信息和定量信息，以有助于使用者更好地评价公司的风险敞口。其中，定性信息包括对风险性质和程度的描述，对每一类型的风险，公司应当披露风险是如何引发的，公司风险管理的目标、政策和程序以及用于衡量风险的方法，也需要披露与以前期间相比公司面临的风险变化以及风险管理政策变化的状况。定量信息要求公司在报告期末应当对面临的每一类风险进行敏感性分析，说明相关市场变量在期末发生合理可能的变动时，公司可能遭受的收益和损失、公司在编制敏感性分析时使用的方法和假设以及与前期相比发生的变化。在 IASB 发布的应用指南中指出，不要求公司披露相关市场风险变量在合理可能变化的范围内的每一变化对公司收益或损失的影响。

此外，在国际财务报告准则实践声明《管理层说明》（IFRS Practice Statement Management Commentary）中也指出，管理层应当披露公司的主要风险、风险的变化以及减轻风险的计划和策略，并要求披露风险管理策略的有效性。对于公司面临的主要风险，要求披露风险导致的负面结果和潜在机会。其中，主要风险包括战略风险、商业风险、经营风险和财务风险，这些风险可能影响公司的战略和公司价值实现过程。

（三）我国关于套期保值及其风险信息披露的相关规定

由于我国会计准则与国际会计准则实现了趋同，因此我国金融工具的相关准则要求与国际会计准则较为类似。我国的《企业会计准则第 37 号——金融工具列报》中指出，“金融工具的市场风险是指金融工具公允价值或未来现金流量因市场价格变动而发生波动的风险”。要求公司应当在资产负债表日披露，相关风险变量发生合理可能变动时，影响公司当前损益或所有者权益的情况。我国关于金融工具市场风险披露的要求类似于IFRS 7 的要求，但没有具体规定应如何确定市场价格变动的幅度。

我国颁布的《企业会计准则第 24 号——套期保值》准则中，明确地定义了套期保值及其相关概念，并规定了套期保值的分类、会计核算方法等。其中，对现金流量进行套期的活动，套期保值工具的利得或损失中属于有效套期保值的部分，应直接计入所有者权益；套期保值工具的利得或损失中属于无效套期保值的部分，应计入当期损益。

除此之外，我国证监会颁布的《公开发行证券的公司信息披露内容与格式准则第 2 号——年度报告的内容与格式》中规定，上市公司在董事会报告中应当披露可能对公司未来发展战略和经营目标产生不利影响的重大风险因素，并要求公司就各风险因素对公司经营业绩的影响做出分析，对已经或计划采取的措施做出说明。

第三节　研究框架、研究方法及创新

一、研究框架

（一）研究思路

本书的整体研究思路如下：首先，基于对相关准则规定及公司披露现状的阐述，提出本书的研究问题，并论述本书的研究意义。其次，通过对市场风险信息披露、衍生金融工具用于套期保值的经济后果以及信息披露内容形式等文献进行梳理，讨论已有研究文献的不足，并阐述本书提出的研究问题的重要性。再次，结合心理学中个体认知能力有限性、启动效应、风险判断行为观等相关理论，在论述被套期项目及其套期工具的风险信息披露内容、形式对投资者投资判断影响的基础上提出研究假设；同时，对本书的总体实验设计、实验任务等进行阐述，并对收集的实验数据进行统计分析，对提出的研究假设进行检验。最后，总结本书的主要研究结论，讨论本书的不足之处及未来研究方向。

（二）研究框架

如图 1－1 所示，本书的主要研究内容包括六个部分，分别为：

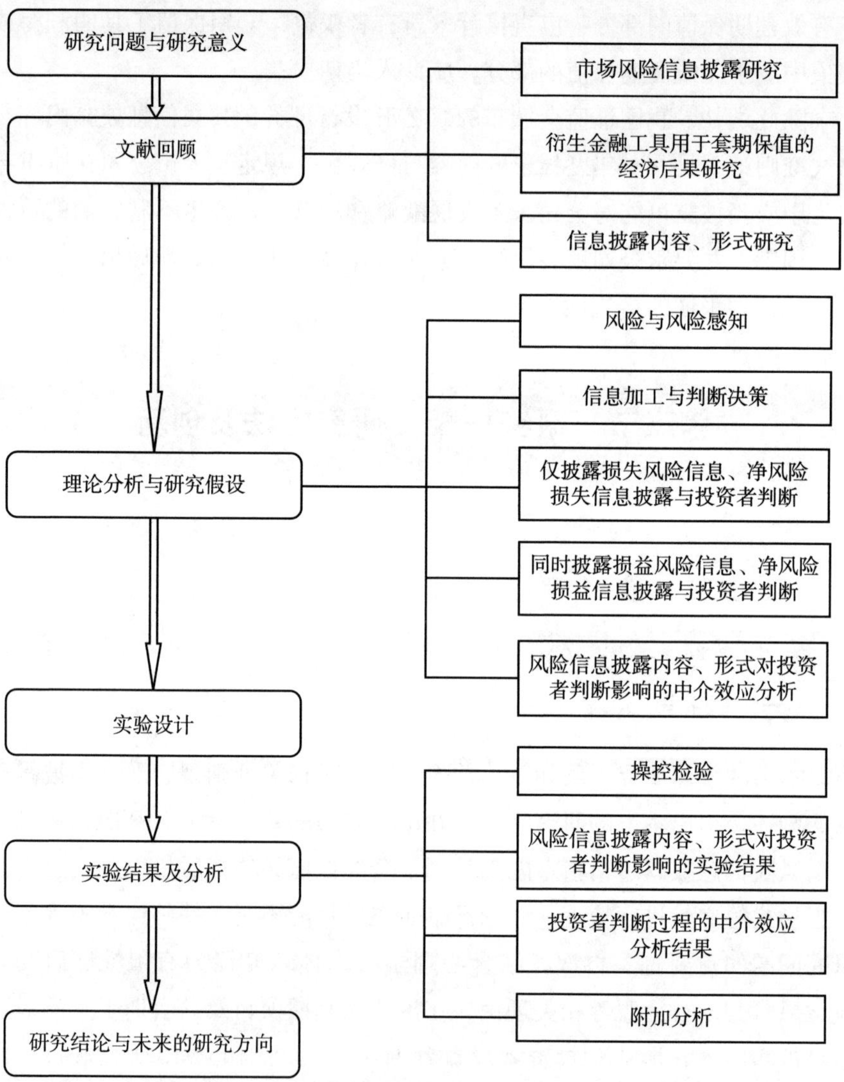

图 1－1　结构框架

资料来源：笔者整理。

第一章，引言。本章基于对套期保值实务现状以及风险信息披露准则规定等研究背景的阐述，进一步提出并论述本书的研究问题、研究框架、研究方法以及可能的创新之处。

第二章，文献综述。本章在对已有的与本书研究问题相关的研究文献进行梳理的基础上，提出已有研究文献存在的不足。其中，文献回顾主要从三个方面展开，分别为市场风险信息披露研究、衍生金融工具用于套期保值的经济后果研究、信息披露内容形式研究。

第三章，套期风险信息披露内容、形式与投资者判断的理论分析。本章基于心理学的相关理论对被套期项目及其套期工具的风险信息披露内容、形式与投资者判断之间的关系进行分析，并提出相关的研究假设。运用心理学中个体认知能力有限性、启动效应、风险判断行为观等相关理论分析仅披露损失风险信息、套期保值后净风险的损失信息披露对投资者判断的影响，以及同时披露损益风险信息、套期保值后净风险的损益信息披露对投资者判断的影响，提出了相应的研究假设；进一步地，分析投资者作出投资判断的具体过程中可能存在的中介效应模型。

第四章，实验设计。本章主要介绍了实验总体设计、实验参与者、实验任务、实验过程、实验中的自变量和因变量等。

第五章，套期风险信息披露内容、形式对投资者判断影响的实验结果。本章首先对实验参与者的相关特征进行随机化检查和操控检验；然后根据收集的实验数据，总体上分析风险信息披露内容、形式对投资者判断的影响；进一步具体地针对研究假设，分析仅披露损失风险信息、套期保值后净风险的损失信息披露对投资者判断的影响，同时披露损益风险信息、套期保值后净风险的损益信息披露对投资者判断的影响，以及投资者投资判断过程的中介效应；最后，在附加分析中排除可替代的相关解释，证实实验结果的内在逻辑性和合理性。

第六章，结论。本章对本书的研究结论进行总结，并论述研究结论对实践的启示意义，最后讨论本书可能存在的局限性，并指出未来可能的研究方向。

二、研究方法

根据研究问题的特点，在理论分析方面，本书主要运用心理学的相关理论对投资者的投资判断过程进行理论分析。具体而言，根据个体认知能力有限性、启动效应、风险判断行为观等心理学理论，分析被套期项目及其套期工具的风险信息披露内容、形式对投资者判断的影响。

实验研究法是指根据研究的需要，操控一个或多个自变量，控制其他无关的变量，进而观察自变量变化所带来的因变量的变化，以此来检验自变量和因变量之间的因果关系的一种科学研究方法（Kerlinger，1973）。本书采用实验研究方法对研究假设进行检验。实验研究方法是行为研究中采用的主要方法，其优势是可以有效地对公开披露数据较少、难以获取或实践中还没有施行的相关问题进行检验，可以对监管政策的修订进行事前检验，提供有价值的政策建议。目前上市公司使用衍生金融工具进行套期保值后，对风险信息披露的内容、形式差异较大，实验研究方法可以有效地将影响投资者判断的多种因素进行分离，将公司基本经济状况、使用的衍生金融工具类型等因素保持不变，而仅仅改变我们操控的自变量——风险信息披露的内容、形式，从而纯粹地检验自变量与因变量之间的关系。

在众多套期保值的情形中，我们主要关注如何披露被套期项目及其套期工具的风险信息披露内容、形式，将有助于投资者作出比较恰当的投资判断。档案研究更多的是对公司总体风险进行检验（如使用 beta 或资本成本指标），采用实验研究方法可以更直接地检验我们关注的变量对投资者判断的影响。同时，实验研究方法也可以很好地检验目前实务中没有涉及的额外的财务信息披露的有效性（Libby et al.，2002）。在上市公司的信息披露中，较少有公司提供套期保值后的净风险信息，采用实验研究方法可以较恰当地检验这一情形的有效性。此外，实验研究方法可以有效地检验投资者判断的具体过程，在检验投资者对商品价格风险信息披露的感知过程中，通过对投资者感知的燃油价格上升风险担忧程度、净利润波动程度等中介变量的测度，可以较好地考察投资者投资判断的具体认知过程。

三、研究创新

与以往的研究文献相比，本书可能的主要创新点和贡献体现在以下几个方面：

（1）运用个体认知能力有限性、启动效应、风险判断行为观等心理学理论分析了使用衍生金融工具进行套期保值的公司中，被套期项目及其套期工具的风险信息披露内容、形式对投资者投资判断的影响。

（2）实验检验了在对燃油（被套期项目）价格波动风险及其套期保值工具风险仅披露损失信息情形下，投资者是否可能作出不恰当的风险判断和投资决策，同时披露损失和收益信息时，能否改进投资者的投资判断，使其对公司作出比较恰当的投资判断；实验检验了增加披露套期保值后的净风险信息能否改进投资者的投资判断，以及仅披露套期保值后的净风险信息如何影响投资者的投资判断。为 SEC、FASB、IASB 以及我国监管部门关于风险信息披露规范的实施状况提供经验证据，在以往的研究文献中尚未对此进行检验。

（3）实验检验了风险信息披露内容、形式对投资者判断影响的具体过程，即通过对投资者感知的燃油价格上升风险担忧程度、净利润波动程度等中介变量的测度，检验其中介效应，为进一步理解个体投资者判断的具体过程提供实验证据。

第二章

文献综述

在本章中，我们对相关研究文献进行回顾，文献主要涉及市场风险信息披露、衍生金融工具用于套期保值的经济后果以及信息披露内容形式影响三个方面，具体安排如下：第一节，对市场风险信息披露的研究文献进行回顾，主要涉及对相关监管规定实施效果的研究，以及敏感性分析信息对公司、投资者影响等方面的研究；第二节，对衍生金融工具用于套期保值情形下的经济后果方面的研究文献进行回顾，主要包括衍生金融工具使用对公司影响和对投资者判断影响两个方面；第三节，主要回顾信息披露内容形式对投资者判断影响方面的相关文献。最后，基于现有的研究文献，对已有的研究进行总体评述。

第一节　市场风险信息披露研究

在市场风险信息披露的研究文献中，大多都以金融机构或非金融机构为研究样本，检验了 FRR No. 48 市场风险信息披露的影响。在市场风险信息披露中，敏感性分析方法是公司最普遍使用的方法，一些文献涉及了敏感性分析信息披露相关的研究。

一、市场风险信息相关监管规定实施效果研究

1997 年 SEC 颁布了 FRR No. 48 之后，一些学者针对 FRR No. 48 中的

相关内容进行了研究。FRR No. 48 规定公司可以自行选择使用敏感性分析、VaR 和列表三种方法之一披露公司的市场风险，一些文献针对这三类方法的选择情况进行了研究。鲁斯通（Roulstone，1999）通过比较 1996 年前和 1997 年后 25 家公司的衍生金融工具和市场风险信息的披露状况发现，1997 年 25 家大型公司中，大约 60% 的公司使用了敏感性分析方法披露市场风险，30% 的公司使用 VaR 方法，10% 的公司使用列表方法；虽然大多数公司披露了市场风险的定量信息和定性信息，但仅有一半公司披露了风险计量模型、描述了披露细节以及局限性，对某些强烈推荐披露的内容，几乎没有公司披露。埃尔米等（Elmy et al.，1998）研究发现，1997 年 33 家非金融类公司中，62% 的公司使用公允价值作为风险衡量的基础，30% 的公司使用盈余，8% 的公司使用现金流。艾哈迈德等（Ahmed et al.，2004）研究发现，根据 FRR No. 48 的要求，银行使用列表形式评价利率风险信息时，即评价未来利息收入的波动性时，列表形式的信息是有用的。

一些学者也从 FRR No. 48 实施的经济后果方面展开了研究。霍德等（Hodder et al.，2001）从个体财务报告使用者的视角论述了 FRR No. 48 中的市场风险信息披露规定对个体使用者的行为影响。研究结论认为：第一，使用者可能表现出超出 SEC 预期的对风险更为复杂的评价，投资者考虑的风险因素超出了 FRR No. 48 规定所关注的损失可能性和结果，如果投资者有选择地考虑可能的收益结果以及对风险的恐惧和未知的影响，投资者的风险判断可能不同于 SEC 所预期的情形；第二，SEC 给予公司一些披露方面的自由裁量权，可能对使用者的风险判断带来负面影响，例如，FRR No. 48 允许公司选择使用表格、VaR、敏感性分析三种方法之一进行风险披露，但 VaR 表示每日的风险损失，而敏感性分析表示年度风险影响，具有较低的可比性；第三，FRR No. 48 没有要求披露某些对风险评价而言重要的定量信息，例如，潜在的收益信息、多个结果分布情形等，可能导致不恰当的风险评价等。也有学者检验了 FRR No. 48 要求公司披露市场风险时，可选择使用的三种披露方法——列表、敏感性分析和 VaR 对公司风险的影响，研究发现与使用敏感性分析方法的公司相比，使用 VaR 方法的公司有较高的总风险和公司特定风险；相反，与公司使用敏感性分析方法相比，公司使用列表方法时通常有较低但统计上不显著的总风险、权益成本和公司特定风险（Lin et al.，2010）。罗伯等（Lobo et al.，2019）研究发现，FRR No. 48 中的风险信息披露规定提供了评估风险管理有效性的前瞻性信息，高质量风险信息披露有助于管理层更好地了解企业面临的风险，增强管理风险的能力，做出更有效的风险管理决策。

也有一些学者针对美国财务会计准则公告第 133 号（SFAS No. 133）的有效性进行了检验。盖伊（Guay，1999）检验了首次使用衍生金融工具公司的情况，通常认为衍生金融工具财务报告准则（SFAS No. 133）的适当性，取决于公司使用衍生金融工具的原因，很少有经验证据证明衍生金融工具如何影响公司的风险敞口，研究结果表明公司使用衍生金融工具能够起到套期保值的作用，没有增加公司风险；公司使用衍生金融工具后，公司的股票收益率波动、利率风险敞口、汇率风险敞口降低，这一发现也表明了套期保值会计准则中同时包括衍生金融工具和被套保项目影响的重要性。还有学者研究了 SFAS No. 133 准则对公司风险管理的影响，其将公司分类为“有效套期保值”和“无效套期保值/投机”两类，研究发现对于“无效套期保值/投机”类公司，现金流波动以及与利率、汇率、商品价格相关的风险显著降低，表明在采用 SFAS No. 133 准则后，“无效套期保值/投机”类公司采用了更为谨慎的风险管理活动；对于“有效套期保值”类公司，汇率、商品价格相关的风险在采用 SFAS No. 133 准则前后没有显著变化（Zhang，2009）。艾哈迈德等（Ahmed et al.，2011）提供证据表明了 SFAS No. 133 对银行的衍生金融工具风险敞口会计计量风险相关性的影响，研究发现，与 SFAS No. 133 实施前相比，SFAS No. 133 实施后，分类为套期保值的利率衍生工具与固定利率票面价差更为显著的负相关，套期保值衍生工具更大程度地抵消了非交易头寸；利率和汇率交易性衍生工具与固定利率票面价差更为显著的负相关，表明对于债券投资者 SFAS No. 133 增加了衍生工具风险敞口会计计量的风险相关性，有利于银行降低资本成本。拉纳辛赫等（Ranasinghe et al.，2022）手工收集了美国石油和天然气勘探与生产行业以及航空运输行业的套期保值数据，检验 SFAS No. 133 准则背景下套期保值对收益可预测性的影响。研究发现，套期保值从总体上减少了收益和现金流的波动性，提高了收益可预测性；然而，SFAS No. 133 实施的严格套期会计准则会导致不符合套期工具条件的衍生金融工具对收益可预测性产生不利影响。

近年来，我国学者也探讨了美国市场风险及其衍生金融工具信息披露方面相关监管规定的内容，以及对我国市场风险信息披露的借鉴意义。郑名川和徐翠萍（2002）对衍生金融工具风险信息披露模式的相关问题进行了探讨，论述了国外衍生金融工具信息披露准则的相关要求，以及市场风险定量信息披露三种方法的优缺点，着重通过实例介绍了 VaR 模式的特点及应用方法，并提出了将其纳入我国衍生金融工具披露模式的设想。葛家澍和占美松（2008）对 FRR No. 48 的市场风险定性和定量披露要求做了说明与解释，研究认为市场风险信息作为企业财务报告的组成部分，能够作为企业的核心信息，分析和理解市场风险信息有助于投资者作出合理决策。顾延（2013）基于美国衍生产品信息披露要求探讨了我国衍生品信息披露的现状和不足，研究认为，我国现有的披露要求主要集中于公允价值和风险披露两个方面，没有以开发、销售衍生产品的金融机构为披露的主体；我国需要从重视定性披露、加强临时披露、倡导全面披露、以“决策有用”作为信息披露原则、防范金融机构滥用会计准则逃避信息披露义务等几个方面做出改进和完善。雷英和吴建友（2009）基于使用者风险分析的视角，论述了市场风险披露对商业银行报表使用者的影响，研究结论认为会计准则中对市场风险的定义是恰当的，商业银行报表使用者可以作出有效的风险分析，会计准则中的灵活性披露规定要求使用者具有较高水平的风险分析能力，并认为会计准则有必要进一步要求披露一些重要的量化信息，例如，报告多种损失的分布结果、提高风险信息披露的完整性以及提供整体层面的汇总信息等。王守海等（2018）研究认为，虽然会计准则对市场风险信息披露提出了要求，但是由于风险信息通常以一种不连续、较差的清晰度和“墨守成规”的形式进行披露，使投资者很难有效利用信息识别单个风险或整体风险。

二、敏感性分析信息披露相关研究

敏感性分析是用来估计基本因素的变化（如商品价格、利率等）如何对一项重要输出结果（如盈余、现金流、资产或负债的公允价值等）产生影响的。敏感性分析信息对投资者或其他信息使用者是有用的（Maines and Wahlen，2006）。林斯梅尔等（Linsmeier et al.，2002）研究发现，在FRR No. 48强制公司披露利率、汇率和商品价格变化引起的市场风险后，即使控制了与交易量相关的其他因素，交易量对市场利率和价格变化的敏感性仍然下降，表明FRR No. 48要求披露的市场风险信息为投资者提供了有用的信息。

有学者研究了敏感性分析中没有包括披露非金融项目时，是否不利于使用定量信息预测汇率风险。研究以使用衍生工具控制汇率风险并进行了敏感性分析的公司为研究样本，发现其中有多于一半的公司选择不披露非金融风险，导致对敏感性分析的损失估计的披露主要包括衍生金融工具头寸，不能反映出汇率风险的净敞口；进一步发现公司层面的敏感性分析信息对汇率风险敞口有增量的预测力，但衍生金融工具层面的敏感性分析信息却没有预测力，表明了披露非金融项目风险信息的有用性（Sribunnak and Wong，2006）。

拉吉格帕尔（Rajgopal，1999）提供了市场风险信息披露相关性的档案证据，研究发现敏感性分析信息与石油和天然气公司股价敏感性之间的联系，石油和天然气公司的beta值与敏感性分析形式、列表形式披露的商品价格市场风险信息相关；也发现列表形式与敏感性分析形式不可以相互替代地解释公司的风险敞口，表明公司使用一种形式进行信息披露与另一种形式的信息披露之间是不可比的。

桑顿和韦尔克（Thornton and Welker，2004）检验了石油和天然气公司的敏感性分析和VaR信息披露是否向投资者传递了有用的信息，他们将公司股价变化相对于商品价格变化的敏感性定义为商品beta值，研究发现，与在10－K文件中没有披露敏感性分析和VaR信息的公司相比，首次披露敏感性分析和VaR信息的公司有显著更大的商品beta值，表明强制披露敏感性分析和VaR信息为投资者提供了有用的信息。

有学者实证检验了FRR No. 48准则要求的风险敞口报告方式对分析师预测准确性的影响（Lin and Lin，2017）。研究指出，FRR No. 48要求公司选择敏感性分析、VaR或列表三种替代方式报告公司风险敞口，其中，敏感性分析虽然能够直观地表达市场利率等变化对公司潜在损失的影响，但是敏感性分析只能提供总损失估计而非单笔损失估计，即与 VaR 和列表方式相比，敏感性分析方式在一定程度上降低了分析师预测的准确性。

班达（Banda，2021）提出了一个由敏感性分析、层次分析法和专家问卷调查法组合而成的综合框架，以指导决策者如何识别评估采矿业公司的风险。研究认为，敏感性分析有助于决策者识别波动性风险事件，层次分析法通过结合风险事件权重和得分来辅助敏感性分析，而专家问卷调查法是基于专家知识确定的风险事件初始概率值来辅助敏感性分析。

也有学者通过实验研究方法检验了敏感性分析信息披露的影响。埃利奥特等（Elliott et al.，2008）通过实验检验了敏感性分析披露中的参数如何影响投资者的可靠性判断，研究发现投资者的可靠性判断随着敏感性分析披露中报告的参数大小的增加而降低，中介分析表明参数对投资者可靠性判断的影响是通过影响投资者感知到的可选择的资产价值大小实现的。该文章也表明参数对投资者判断的影响是无意识的认知影响，而不是投资者感知到管理层传递可靠性的信号所做出的有意识的回应。尼尔森和鲁帕尔（Nelson and Rupar，2013）研究了公司敏感性分析中数值形式对投资者风险判断的影响，发现投资者对绝对值形式披露的敏感性信息评估的风险要高于对百分比形式评估的风险；同时发现管理层有机会进行披露管理时，即管理层自主决定披露形式时，投资者对百分比披露形式的风险评价较高，认为投资者进行了披露管理；但在管理层没有披露管理的机会时，投资者仍认为绝对值形式披露的风险评价较高。埃勒夫森等（Eilifsen et al.，2021）实验研究了定量敏感性分析与审计重要性阈值披露对投资者判断的交互影响，研究发现相比于不披露重要性阈值，披露重要性阈值可以为投资者提供参考基准，当披露的重要性阈值大于定量敏感性分析传达的敏感度范围时，投资者通常认为估计更可靠，投资意愿更强。

第二节 衍生金融工具用于套期保值的经济后果研究

市场风险信息披露的重要部分是用于套期保值的衍生金融工具市场风

险的披露，近年来，使用衍生金融工具进行套期保值的公司越来越多，一些学者也对套期保值的影响进行了相关的研究。

一、衍生金融工具使用对公司的影响

早期关于套期保值的研究文献表明市场风险可以降低管理层与投资者之间的信息不对称。在完全资本市场中，对利率、汇率、商品价格进行套期保值是无效的，投资者根据自己的风险偏好在不同的账户中可以分散这些风险（DeMarzo and Duffie，1991）。但在不完全资本市场中，公司层面的风险管理活动通过一些方式可以提高公司价值，包括降低预期的税费、降低可能的财务困境成本、保护投资回报以及通过稳健增加的盈余趋势提升投资者感知到的公司价值（Smith and Stulz，1985；Nance et al.，1993；DeMarzo and Duffie，1995；Mian，1996；Tufano，1996；Barth et al.，1999）。

盖伊（1999）研究发现，与没有使用衍生金融工具的公司相比，新使用衍生金融工具公司显著地减轻其股票收益率的波动、降低了其利率风险和汇率风险，公司风险显著降低。阿里安尼斯和韦斯顿（Allayannis and Weston，2001）以 1990～1995 年 720 家大型美国非金融类公司为研究样本，检验了外币衍生品（FCDs）使用对公司价值的影响，该文章将 Tobin Q 作为公司价值的替代变量，研究发现公司价值与 FCDs 之间有正相关关系，暴露汇率风险敞口的公司的套期保值溢价显著。亚当和费尔南多（Adam and Fernando，2006）以金矿类公司为研究样本，检验了衍生金融工具的使用是否具有内在价值，研究发现金矿类公司可以从衍生金融工具的交易中实现连续的经济上显著的现金流收益，增加股东价值；同时，在股价下跌和上涨的情形中，正向的现金流也是显著的。此外，没有发现衍生金融工具的使用将增加公司的系统性风险。巴特拉姆等（Bartram et al.，2011）研究发现，使用衍生金融工具降低了公司的整体风险和系统风险，对公司价值的影响是积极的；也发现在 2001～2002 年经济萧条时期，使用衍生金融工具与较高的公司价值、异常回报以及利润显著相关，表明公司使用衍生金融工具进行套期保值对冲了公司的下行风险。帕纳雷图等

（Panaretou et al.，2013）以英国上市公司为研究样本，研究发现，国际财务报告准则（IFRS）采用期间，在新的套期保值会计制度下，公司盈余具有较高的可预测性，即对于那些基于IFRS计量和报告了衍生金融工具的公司，分析师预测的错误和偏差较低；在公司采用新准则的第一年和以后年度，套期保值会计对公司盈余可预测性的影响是类似的。巴特拉姆（Bartram，2019）研究发现，世界各国的一些非金融公司将汇率、商品价格和利率等衍生金融工具用于对冲目的，降低了公司的风险，且没有证据能够表明个别国家的公司对衍生金融工具的使用存在投机行为。有学者从管理者个人特征的视角论述了衍生金融工具如何影响公司价值（Yang et al.，2023）。研究发现，当管理者具有财务背景和持股比例越高时，会越有动机和能力使用衍生金融工具进行风险管理，而衍生金融工具的使用可以通过降低经营风险等提升公司价值。巴契勒等（Bachiller et al.，2021）结合51篇研究衍生品与公司价值关系的实证论文进行Meta分析，结果表明，使用衍生品可以降低税负和债务成本、缓解投资不足问题、优化信息环境和提高股票的流动性，从而增加公司价值。还有学者以2010～2019年美国上市公司为样本，研究大宗商品头寸对冲对公司风险的影响（Wang and Zhou，2022）。研究使用股价波动性作为公司风险的衡量指标，发现商品套期保值降低了股价波动性，且这种负相关关系在规模较小、估值较高、盈利能力较好的公司中更加显著。

另一些研究关于衍生金融工具对公司影响的结论是混合性的。盖伊（2003）以234家使用衍生工具的大型非金融公司为研究样本，研究发现如果利率、汇率、商品价格同时变化三个标准差，最多导致中等规模公司的衍生金融工具组合的现金流变化1 500万美元，公允价值变化3 100万美元，对于公司规模、经营和投资现金流以及其他参照指标而言，这一变化值是适度的；衍生金融工具的使用表现为非金融公司整体风险的较小部分，认为需要重新考虑过去实证研究文献验证的公司衍生金融工具使用的重要性。亨切尔和科达利（Hentschel and Kothari，2001）研究发现，许多公司通过使用大量的衍生金融工具头寸管理其风险敞口，但在使用衍生金融工具的公司与没有使用衍生金融工具的公司之间，他们发现两类公司风险的可计量差异很小。尼尔森等（Nelson et al.，2005）检验了1995～

1999 年披露使用衍生金融工具进行套期保值的公司的年度股票表现，发现 21.6% 的美国上市公司使用衍生金融工具进行了套期保值，并主要集中在大型公司中；也发现与商品相比，衍生金融工具更经常用于利率、货币的套期保值；进行套期保值的公司的业绩高于其他公司 4.3%，原因主要在于由于大型公司对货币进行了套期保值，那些对利率或商品进行套期保值的公司没有发现异常回报。普纳南达姆（Purnanandam，2008）拓展了存在财务危机成本时公司风险管理理论模型，研究表明，甚至在没有事前承诺的情形下，发行债务后股东将最优选择进行风险管理，与理论一致，研究发现杠杆率与套期保值之间的关系是非单调性的，具有中等债务规模的公司，其杠杆率与套期保值之间有正相关关系；大规模举债的公司，其杠杆率与套期保值之间有负相关关系；对于大规模举债的公司，杠杆对套期保值的影响更大。

二、衍生金融工具使用与个体的判断和决策

国外学者从投资者或管理层判断和决策视角，检验了用于套期保值的衍生金融工具的影响，这类研究大多采用实验研究方法。首先，从投资者风险判断的视角，库恩斯等（Koonce et al.，2005a）检验了决策变量和行为变量对投资者判断的影响，之前的研究仅单独考虑了传统决策理论变量（可能性和结果）或 slovic 提出的行为变量（恐惧和未知）的影响，实验结果表明决策理论变量与行为变量两者之间应当是互补的，共同地影响投资者的风险判断。结构方程的结果也显示，决策理论变量除直接影响风险判断外，还通过对行为变量的影响间接地影响投资者的风险判断。库恩斯等（2005b）通过实验研究方法检验了公司描述金融工具的标识是否会阻碍投资者对金融工具的风险判断，并检验了相应补救措施的有效性。研究结果表明，与固定利率债券相比，投资者判断浮动利率债券组合中浮动利率转换为固定利率的掉期的风险较大；与浮动利率债券组合中浮动利率转换为固定利率的掉期（没有标识）相比，投资者判断浮动利率债券组合中浮动利率转换为固定利率的掉期并标识为套期保值的风险较小；但提供给实验参与者现金流和公允价值风险敞口信息时，投资者的风险判断仍然出

现偏误，仍认为标识为套期保值的金融工具风险最小。

同时，一些文献从公司使用衍生金融工具进行套期保值的角度，分析了投资者的感知和评价。库恩斯等（2008）研究了投资者在了解到使用衍生金融工具的结果后，会如何对公司作出评价。文章采用实验研究方法，检验了投资者判断时三种理论的合理性，即仅基于结果作出判断，较差的经济结果发生时投资者给予管理层不利的评价，较好的结果发生时给予有利的评价；运用反事实推理作出判断，认为如果管理层不使用期货合约，将不会发生经济损失，好的结果却通常不会导致反事实推理产生；或基于决策谨慎性观点（decision-care perspective）作出判断，决策者的评价会同时受到决策结果和感知到的决策者的谨慎程度的影响，即投资者不仅会考虑结果，而且也会考虑结果之外的管理层的决策过程，当感知到管理层有较高的谨慎性时，对于谨慎的决策过程，即使结果较差，管理层也不会受到责备，而会给予管理层信任。实验结果表明，投资者对公司的评价，与决策谨慎性观点较为一致，与较好的结果相比，投资者对较差结果的后悔程度判断较高，满意程度判断较低；对使用远期合约公司的后悔程度判断较低，满意程度判断较高；当存在决策理由时，投资者对使用衍生金融工具和不使用衍生金融工具的后悔程度判断、满意程度判断、公司价值判断都没有显著差异；与衍生金融工具用于投机的目的相比，投资者对进行套期保值的管理层的决策谨慎性判断、决策合理性判断都显著较高。也有研究指出，公司使用衍生金融工具的目的影响投资者对公司价值的评价，当公司使用衍生金融工具以降低风险时，投资者通常会做出更高的评价（He et al.，2022）。库恩斯等（Koonce et al.，2014）采用实验研究方法，通过三个实验检验发现，与公司没有遵循行业规则相比，投资者对遵循行业规则的公司使用衍生金融工具状况作出更为有利的评价，认为管理层负有较少的责任，公司价值下降的程度较小。公司的规则是过去使用衍生金融工具时，与当期没有使用衍生金融工具情形相比，当期公司使用衍生金融工具情形下，投资者将认为管理层负有较少的责任，公司价值下降的程度较小；但当公司的规则是过去不使用衍生金融工具，投资者对当期使用或不使用衍生金融工具的公司的管理层责任判断和估值判断没有显著差异。研究也发现，投资者认为不使用衍生工具的行业规则比公司规则有更高的解释力，行业规则对投资者判断的影响更大。还有学者研究了公司进行套期保值如何影响外国机构投资者的投资评价（Massa and Zhang，2018）。研究发现，处于信息劣势的外国机构投资者将公司进行套期保值视为管理层主动减少信息不对称的积极信号，方便其了解公司的管理和投资质量，从而提高自身对公司的投资吸引力的评价。吉姆等（Kim et al.，2022）在研究公司衍生金融工具对股价崩盘风险的文章中也指出，用于套期保值的衍生金融工具可以通过增强外部投资者对公司的了解程度提高信息的透明度，从而提高投资者对公司业绩水平感知的准确性，并且可以将看跌投资者的观点纳入股价中。

另外，也有学者研究了信息使用者对金融工具及其衍生品公允价值变化的反应。库恩斯等（Koonce et al.，2011）采用实验研究方法检验了投资者对金融工具公允价值相关性的判断如何受到公允价值损失或收益、公允价值被应用于资产或负债、管理层将立即出售或结算金融工具还是持有至到期的影响。文章运用反事实推理理论进行分析，实验结果表明投资者判断公允价值运用于资产的相关性高于运用于负债的相关性；判断管理层立即出售金融工具时的公允价值相关性高于管理层持有金融工具到期的公允价值相关性；但判断公允价值收益与损失的相关性之间没有显著差异；提供给实验参与者所放弃选择的信息时，也没有影响他们对金融工具公允价值相关性的判断。投资者对公司价值估值判断的结果显示，判断金融资产公允价值收益的公司价值显著大于公允价值损失时的价值，判断金融负债时公允价值收益的公司价值与公允价值损失时的公司价值没有显著差异；判断管理层立即出售金融工具时的公司价值高于管理层持有金融工具到期的公司价值；但提供给实验参与者所放弃选择的信息时，没有影响他们对公司估值的判断。

第三节　信息披露内容、形式研究

传统的财务报告方面的文献大多以半强势有效（semi-strong efficiency）假设为研究基础，即市场价格完全反映所有公开信息的经济含义（Beaver，

1998)，其中一个关键的假设是，即使存在有限理性的交易者，基于公开的信息，交易者也不可能从交易策略中获得异常回报。当信息同等披露、只改变披露形式时，市场价格不会有所差别。然而，一些研究却发现资本市场存在持续的价格异象（Abarbanell and Bernard，1992；DeBondt and Thaler，1985；1987；1990；Hand，1990；Porta et al.，1997)，对这一假设提出了质疑。囿于个体认知的局限性，在处理信息时希望付出较少的认知成本，信息披露的内容、形式通过影响投资者信息获取、评价和权衡，以影响投资者信息处理过程，最终影响投资者的决策判断（Hogarth，1987)。国内外的学者从不同的视角关注了相关问题。

会计领域的相关研究文献发现，通过分项（disaggregation）方式增加信息披露的细节内容可以增强信息使用者感知的信息可信性，并可以改进信息使用者的判断和决策。赫斯特等（Hirst et al.，2007）通过实验检验了管理层分项盈余预测如何影响预测的可信性，研究发现，与综合盈余预测相比，在分项的盈余预测中，无论管理层的盈余管理动机较高还是较低，投资者对分项的盈余预测都将给予较高的可信性评价。埃利奥特等（2011）研究发现，分项的管理层盈余预测作为一种机制可以减轻投资者对报告盈余的锁定效应，实验结果表明，与投资者关注到综合的盈余预测时（仅预测盈余）相比，当投资者最初关注到分项的管理层盈余预测时（盈余及其组成部分)，投资者的盈余锁定效应将降低。利比和布朗（Libby and Brown，2013）研究发现，分项列示费用项目可以降低审计师对分项项目的可容忍错报，增加了分项的项目数值、小计数、总计数的可靠性，但在报表附注中分项列示时，上述影响较小。默克利等（Merkley et al.，2013）提供档案证据发现，管理层增加披露实现盈余目标方面的详细信息，可以增加分析师对管理层盈余预测可信性的评价。在信息披露内容特征方面的研究中，弗雷德里克森和米勒（Frederickson and Miller，2004）通过一项实验研究了备考盈利（pro forma earnings）披露对分析师和非职业投资者股价判断的影响，与仅收到按准则（GAAP）计算的盈利预告相比，同时收到备考盈利和 GAAP 盈利预告时，非职业投资者判断的股价更高；但分析师的股价判断不受是否包括备考盈利的影响。也有学者分析公允价值会计计量信息如何影响管理层的真实经济决策。研究发现，相对于仅列示经济影响方面的信息或同时列示经济影响和历史成本会计计量影响方面的信息，同时列示经济影响和公允价值会计计量影响信息时，实验参与者更可能作出次优的决策（Chen et al.，2013）。塔迪斯和墨菲(Tadesse and Murthy，2021）实验研究了内部控制缺陷披露格式如何影响个体投资者的判断。研究发现，与综合披露控制缺陷相比，分解且显著性披露控制缺陷使信息更为透明，会提高投资者对管理层的信任程度，减轻因披露内部控制缺陷而导致的高风险，提高投资者的投资意愿。

信息披露位置、描述方式等差异引发投资者信息加工处理过程的不同，进而影响其判断决策过程。麦恩斯和麦克丹尼尔（Maines and McDaniel，2000）使用线索权重分析模型研究发现，综合收益信息被列示在股东权益表中时，投资者需要付出额外的认知成本同时处理所有的相关项目，但当综合收益仅被列示在综合收益表中时，不需要付出额外的认知成本，认知成本的差异促使投资者对不同财务报表中的综合收益信息赋予不同的权重，影响投资者的判断和决策。埃利奥特等（2014）研究了公司发布的社会责任报告中社会责任业绩的描述特征对投资者判断的影响。研究发现，公司在社会责任描述时强调图片或文字形式与公司社会责任致力于全球或社区的策略相匹配时，可以使计算能力较差的投资者感知到较高的处理流畅性，进而对他们的投资意愿产生积极的影响。有学者研究了风险信息披露格式的一致性对投资者信息整合和投资判断的影响（He et al.，2019）。研究发现，当公司披露套期工具的定量信息和被套期项目的定性信息时，会造成披露格式的不一致，导致投资者将其视为不同的信息，并且受套期工具定量信息的影响更大。库恩斯等（2019）以套期保值和信贷为背景实验检验了资产负债表的列报形式如何影响报表使用者的判断与决策。研究发现，相对于单独列报形式和净额列报形式，关联列报形式呈现的财报项目空间邻近性适当，有助于使用者较为容易地识别和评估相关报表项目之间的关系和性质，更好地区分不同财务状况的公司。还有学者对风险信息及其管理方式的披露如何影响投资者股票估值判断进行了实验研究（Tan and Yeo，2023）。结果表明，在风险尚未成为现实的情况下，披露风险管理方式会使投资者认为相关风险已经被管理层考虑且在可控范围内；同时，以积极的语气披露风险信息传达了正面的信号，使投资者对风险信息更为乐观，所作出的股票估值判断更高。

近年来，国内学者也开始关注风险信息披露内容、形式方面的影响，但研究成果相对较少。张丽霞和张继勋（2013）采用实验研究方法，对IASB提议的金融负债公允价值变动损益的列报形式在消除反直觉效应及投资判断偏误的有效性方面进行了研究。研究表明，IASB提议的列报形式可以有效地消除原列报形式对投资者判断产生的不利影响，投资者能够正确地对信用风险的变动状况做出区分；同时研究也发现，金融负债公允价值变动损益列报形式和信用风险变动对投资者判断的影响，是通过影响投资者对公司管理层胜任能力的评价、市盈率的判断，最终影响其作出的投资吸引力评价的，考察了投资者判断和决策的具体过程。

通过对相关研究文献的回顾发现，公司使用敏感性分析方式披露市场风险信息时，现有的文献大多关注于检验市场风险信息披露的有用性。一些学者也对部分监管规范的实施情况进行了研究，比较了监管规范发布前后公司信息的披露情况。我国学者较多地通过对国外监管规范的解释和讨论，为我国监管规范的完善提出政策建议，很少有文献探讨敏感性分析中公司业绩的损益风险信息披露内容对投资者判断的影响。在公司使用衍生金融工具进行套期保值的研究中，现有的研究文献大多聚焦于探讨套期保值对公司价值、现金流的影响，或通过实验研究方法检验投资者对公司使用衍生金融工具后果、规则等方面的反应和感知，尚没有文献探讨当前规定的套期保值相关风险披露内容、形式是否有助于投资者恰当地判断公司风险。信息披露内容、形式方面的研究文献表明，不同的信息披露细节、列示位置、描述方式等都可能对个体的判断和决策产生不同的影响，但我国关于信息披露内容、形式方面的研究成果较少。目前国内外的研究文献也很少涉及被套期项目及其套期工具的风险信息披露内容、形式对投资者判断影响方面的研究，尤其没有涉及风险信息披露中是否包括套期保值后的净风险信息，以及同时披露损益信息内容对改进投资者判断方面的研究。

第三章

套期风险信息披露内容、形式与投资者判断的理论分析

本章在对被套期项目及其套期工具的风险信息披露内容、形式对投资者判断的影响进行理论分析的基础上，提出相关的研究假设，主要包括五个部分：第一节首先厘清了风险、风险感知与风险判断的关系；第二节论述了个体认知能力的有限性及个体信息加工模式特征、心理学中的启动效应、风险判断行为观等理论中投资者的判断和决策行为；第三节和第四节依据心理学中的相关理论，按风险信息披露内容分别在仅披露损失信息和同时披露损益信息下，讨论了风险信息披露形式对投资者判断的影响；第五节论述了风险信息披露内容、形式对投资者投资判断的具体影响过程，并提出了相应的中介分析模型。

第一节　风险与风险感知

一、风险及其含义

“风险”（risk）一词产生于14世纪的欧洲，来源于意大利语“RISCO”，原意为“暗礁或礁石”，是指船舶运输货物的过程中，遇到礁石、风暴等危险（Evers and Novotny，1987）。“风险”一词在日常生活中被广泛使用，有时与“危害”（hazard）、“威胁”（threat）、“伤害”

（harm）等相互替代（Lupton，1999）。

关于风险的定义，学术界没有形成统一的概念。心理学和应用领域的研究学者大多基于损失来定义风险，将风险定义为损失发生的不确定性或发生损失的损害程度大小（Dreman，1998；March and Shapira，1987；Yates and Stones，1992）。医药方面研究认为，风险是指某些负面结果发生的可能性，比如死亡或引发疾病的可能性（Kleinbaum et al.，1982）；技术危害领域，风险被定义为对生命或健康的威胁（Fischhoff et al.，1981）；特许财务分析师和职业的债券交易者认为风险涉及货币损失的可能性（Heisler，1994；Olsen，1997）。虽然一些情境下人们作出的风险判断，主要是由潜在的负面结果决定（Loewenstein et al.，2001；Kleinbaum et al.，1982），但也有一些情境下，人们同时根据向上和向下的可能性作出风险判断（Weber and Bottom，1989；1990），即同时考虑了损失和收益两种情形发生的可能性，比如，财务定价模型测度风险的一系列不同的统计量时，同时包括了向下和向上的两种可能性情形（Arditti，1967；Markowitz，1952，1991；Kraus and Litzenberger，1976）。

在金融学和会计学的研究领域中，研究学者普遍认为风险涉及公司的回报、现金流或盈余等指标的变动程度。利佩（Lipe，1998）认为，风险涉及回报、现金流或盈余的方差以及与市场相关回报的协方差；弗鲁特等（Froot et al.，1993）研究发现，现金流或盈余具有较高的变异程度时，被认为公司的风险越大；马科维茨（Markowitz，1959）研究表明，资本资产定价模型中，公司的股票回报波动程度越高于基本的市场面因素，公司被认为具有越高的风险，即市场回报与市场因素的协方差用于测度风险，进而影响资产定价。

二、风险感知与风险判断

风险感知（perception of risk）属于心理学范畴的概念，用以描述个体对风险的态度和直觉，研究学者对风险感知的定义不同，但总体上都是强调个体对风险的主观感受，个体的风险感知与实际状况可能有所不同，通过主观感受所获得的经验对个体的风险决策可能产生影响。比如，斯洛维克（Slovic，1987）认为，风险感知是指个体对各种客观风险的感受和认识，人们对某些活动、事件或技术的潜在危险进行评价和表征时，风险感知研究是关于测度人们的风险评价和表征的各项判断。威尔达夫斯基（Wildavsky，1990）认为，风险感知是日常生活中的各种因素对个体感受和认识的影响，反映了价值、表征、历史、意识形态的一种社会和文化的构念。卡特（Cutter，1993）认为，风险感知是个体对某种特定风险的理解，进而影响其风险评估的过程。

个体的风险感知带有显著的主观特征，存在于外界环境并具有多样性的客观风险，通过个体的主观过滤影响个体的主观感受，即基于个体状况的差异使个体不同程度地感知风险（Slovic，1986），比如个体的风险态度不同可能影响其感知到的风险，偏好风险的个体倾向于冒险，无所畏惧风险引发的损失，可能对风险不敏感。相反，风险厌恶者可能更倾向采取保守的方式作出决策，对风险的敏感程度较高。影响个体风险感知的另一个重要因素是风险信息的沟通（Slovic，1986），信息接收途径、信息传播的时序、传播方式、传播范围等可能都会影响个体的风险感知过程。斯洛维克（1986）曾对风险事件的影响进行了详细的论述，表明风险事件对个体的影响不仅取决于风险事件本身的性质，如产生危害的程度、方式、性质等，而且也取决于风险事件波及的过程，如个体如何获得信息，并如何感知和解释这些信息。因此，如何选取恰当的风险沟通方式，对个体风险感知的过程尤为重要。科维罗等（Covello et al.，1992）在前人研究的基础上总结了15类对个体风险感知可能造成影响的风险认知因素，包括可控性、易理解性、对机构的信任程度、伦理道德等，表明个体的风险认知过程不仅受到风险事件特性的影响，也受到个体特性的影响。

个体对风险的感知直接影响个体的决策和判断（Coombs，1975；March and Shapira，1987；Weber，2004）。个体风险判断过程的研究主要包括两类观点，一类是决策理论观，另一类是行为观。风险的决策理论观是指人们基于可能性和潜在的后果作出风险判断，一些研究支持决策理论观（Weber，1988；Weber and Bottom，1989；1990）。会计和金融领域估值模型的研究也倾向于使用决策理论观，将风险定义为预期的回报、现金流或盈余的方差或这些变量与市场因素的协方差（Froot et al.，1993；

Jorgensen and Kirschenheiter，2003）。同时，决策理论观也隐含在与风险相关的多数会计准则中，例如一些关于损失可能性或损失结果披露的准则（SFAS No. 5，FASB 1975；SFAS No. 106，FASB 1990；SOP No. 94 – 6，AICPA 1994；FRR No. 48，SEC 1997；SFAS No. 140，FASB 2000）。风险判断的行为观是指人们对风险的考虑不仅仅基于可能性和后果，可能也基于一些可能的行为变量，比如"恐惧"（dread）和"未知"（unknown）（Slovic，1987）。风险判断的行为观较多地在个体判断和决策行为的研究中使用，比如用以研究个体投资者的投资行为（Loewenstein et al.，1999；Hodder et al.，2001；Koonce et al.，2005）。

第二节　信息加工与判断决策

在本节中，基于心理学的个体认知能力有限性、启动效应、风险判断行为观等理论，我们论述了个体投资者的信息加工方式，以及信息列示对其信息加工和判断、决策的影响。

一、认知能力的有限性及信息加工方式

（一）注意力的选择性

认知心理学认为，个体的心理能量是有限的，不可能同时加工处理多个不同的信息，个体认知能力具有一定程度的局限性（邵志芳，2006）。注意（attention）是人们心理活动对一定对象的指向和集中，其不是一个独立的心理过程，是伴随着感觉、知觉、记忆、思维、想象等心理过程的一种共同的心理特性（邵志芳，2006）。

基于个体有限的认知能力，个体的注意力具有一定程度的选择性，即选择性注意（selective attention）（邵志芳，2006）。很多情形下个体对一些可能出现的重要刺激做出反应时，注意力类似于一个过滤器，在信息量超过其认知能力时，个体会自动阻断一部分信息，而放行另一部分信息进

入其认知加工系统。同时，个体的注意力对信息具有放大功能，即个体对其选中的信息会加以强化，而对没有选中的信息会加以弱化，导致那些被选择进入认知加工系统的信息更为显著，成为注意的焦点，较容易被操控和处理。个体的注意力也具有导向功能，个体的认知过程是信息加工的过程，包括感觉的输入、编码、存储和使用的整个过程，很多因素影响并制约人们的信息处理过程，这些因素并不完全都由外界信息决定，人们在认知过程的每一个环节中可能要处理不同的信息，人们的注意力引导着人们在不同的环节关注不同的信息，并扮演分配认知资源的角色，对认知活动中的主要方面给予持续性关注，并有序地平衡、分配对认知活动其他方面的关注，通过资源分配使每项任务能够获得足够的资源，实现任务间的合理调配。

（二）投资者信息加工方式

基于人们认知能力的有限性以及注意力的选择性，一些因素可能影响并制约人们的信息加工过程。双重加工模型（dual-process model）表明，信息处理过程中，人们可能选择两类不同的路径处理信息。一类是相对可控的（controlled）和分析式（analytic）的信息处理模式，人们对可获得的信息进行仔细和努力的评价后，作出最终的判断；另一类是相对无意识的（automatic）和整体性的（holistic）信息处理模式，人们不是基于对信息的深度加工作出判断，而是基于一些表面的线索或简单的经验法则作出判断（Chaiken，1980；Chaiken et al.，1989；Petty and Cacioppo，1986）。双重加工模型中，目标特征（如任务的复杂程度）和判断特征（如认知能力）是影响这两条路径选择的主要因素（Chaiken et al.，1989；Petty and Cacioppo，1986）。当任务比较复杂、需要大量资源时，或当人们的信息处理能力有限时，人们都更可能使用启发式的信息处理方式。相比于分析式的信息处理模式，通过无意识或整体的模式处理信息时，人们将更加依赖于一些情境因素，而不是通过仔细审查线索进行推论。

个体投资者的信息处理过程不同于职业投资者，比如分析师。分析师通常使用估值模型，并运用直接搜索策略（directed-search strategy）获取其使用估值模型估值时所需要的相关信息，这一策略使分析师在搜索财务报表信息时可以进行跳跃式的搜索（Bouwman et al.，1987；Hunton and McEwen，1997），对于那些与其估值模型无关的信息，分析师将不会选择阅读。例如，分析师会忽略股东权益表中的信息，因为这些信息对其估值而言是不太重要的，但却会关注业绩报表中的相关信息（Hirst and Hopkins，1998）。然而，个体投资者对不同的财务报表项目通常没有预先的重要理念或感知到的关系（Bouwman，1982；Hunton and McEwen，1997），通常缺乏专业投资知识，缺少专业知识意味着个体投资者依赖于不完善（ill-defined）的估值模型作出判断和决策（SRI International，1987；Maines and Mcdaniel，2000）。例如，有研究表明，个体投资者或经验较少的分析师会按信息列示的顺序浏览财务报表（Maines and Mcdaniel，2000）。弗雷德里克森和米勒（2004）的研究结果表明，职业分析师与个体投资者使用不同的估值模型进行信息处理，职业分析师使用定义明确的（well-defined）估值模型评价股价，以现金流或盈余倍数为估值基础；而个体投资者使用简单的、启发法基础的估值模型，基于先前的估计来调整当期的股价判断，备考盈利预测不会影响职业投资者的股价判断，但会对个体投资者的股价判断产生影响。因此，个体投资者在较多情形下，往往使用启发式、无意识的方式以加工和解释所获取的有用信息。

（三）信息列示对投资者判断的影响

个体信息处理过程通常包括信息识别、信息编辑、信息评价三个阶段。信息识别是指对于某事件的相关信息，个体首先需要作出是否感知的决策，目的在于对这些粗糙的、未编码的输入信息进行筛选，对有效的信息继续后续的认知过程。识别后的信息仍是杂乱无序的，信息编辑阶段是将信息按一定的方式进行同化及再编码。信息评价是指人们对编辑后的信息的客观价值进行评估，即个体对信息所描述的随机事件的未来状态的影响程度做出主观估计。基于上述三个阶段的处理，大量的未编码信息或内部记忆被加工、处理，转变成可执行信息，从而用于指导个体的判断和决策。

信息列示对投资者信息处理以及判断的影响，是通过影响投资者信息获取、评价或权衡的过程实现的（Hogarth，1987）。在个体判断和决策的研究中，一些学者论述了信息线索评价的相关模型。斯洛维克和利希滕斯坦（Slovic and Lichtenstein，1971）研究表明，人们的判断和决策通常简化为每个信息线索的线性组合，即人们赋予不同信息线索的权重，可以用方程表示为：$J(X)=b_1X_1+b_2X_2+\cdots+b_kX_k+\varepsilon$。其中，$J(X)$ 表示判断和决策；X_k 表示第 k 个线索；b_k 表示赋予第 k 个线索的权重或第 k 个线索的重要性；ε 表示总误差，代表个体判断固有的不可靠性。道威斯（Dawes，1974）做出了类似的论述，认为业绩评价判断（Performance Assessment Judgement，PAJ）是一些线索信息（cues）的加权线性组合，可表示为：$PAJ=\alpha+\sum\beta_jE(I_j)+\varepsilon$，其中，$E(I_j)$ 是指个体对特定的线索信息（I_j）的评价，是信息获取和信息评价的输出变量；β_j 是个体对每个线索信息赋予的权重。

在个体有限的认知能力下，信息列示特征的差别可能使决策者付出不同程度的认知成本（cognitive cost），影响人们对信息的关注程度及赋予信息的权重（Russo，1977），从而影响人们如何解释、分类或利用信息（Hogarth，1993），以及作出的判断和决策。信息列示的明确程度或数据的综合程度可能影响人们付出的认知成本，对于需要耗费较多认知成本的信息，个体通常会对其赋予较小的权重（Fischhoff et al.，1978）。由于个体投资者对财务信息进行分析时，通常采用启发式的方式加工处理信息，对于需要其付出较多认知努力的信息列示方式，个体投资者往往会赋予其较小的权重，在其投资判断中将较少地考虑这类信息。

一些信息显示方式可能不同程度地降低人们付出的认知成本，比如明确列示信息等方式，认知成本的降低将对信息的权重产生积极的影响（Maines and McDaniel，2000），进而影响人们作出的判断和决策。斯洛维克和麦克菲尔拉米（Slovic and MacPhillamy，1974）研究发现，人们对两个对象做出比较时，从认知上更容易使用并依赖于两个对象间明确的线索作出评价。他们通过实验发现，实验参与者对两位学生作出评价时，对两位学生间明确的评价指标——英语分数会赋予较大的权重，在评价中更多地依赖这一评价指标。肯尼迪等（Kennedy et al.，1998）研究表明，人们的判断和决策更可能受到明确列示的信息的影响，当明确地提供给实验参与者关于环境负债的可能的结果分布的参数值时，个体在随后构造结果分布时，将较大程度地依赖这一数值。迪特里希等（Dietrich et al.，2001）研究表明，当管理层明确披露估计的储量上限值时，投资者将更大程度地受到这一明确披露数值的影响。

二、启动效应与投资者判断

基于个体有限的认知能力，个体作出判断和决策时，往往会避免付出较多的认知努力（Payne et al.，1993），尽可能地减少认知成本，在评价和权衡信息时，可能受到记忆中当前被“启动”、处于活跃状态的构念（construct）或知识结构（konwledge structure）的影响。早在20世纪70年代初期，迈耶（Meyer）等就开始关注启动效应（priming effect）现象（Meyer and Schvaneveldt，1971；Meyer et al.，1974）。心理学中的启动效应是指一些刺激因素激活了人们记忆中的某些构念，随后可能增加使用这些构念处理信息的可能性（Higgins et al.，1985；Levin et al.，1998）。

启动效应是个体在不自觉情形下产生的，具有无意识的特征。个体在处理信息时，由于其有限的认知能力，为减轻认知过程的负担，不愿意对所有可能的、有用的构念进行详尽的记忆搜索（Higgins and King，1981；Wyer and Srull，1981；Yi，1990a；1990b），往往会忽略部分信息或过度使用某些信息，以避免寻求更多的或全部的信息，此时当前被激活、可用的构念很大程度上将被用于随后的信息处理和决策过程（Wyer and Srull，1981）。心理学研究也表明，信息如何列示、分类等都会影响人们记忆中被启动或激发的构念或属性（Sherman et al.，1990），信息的标识所引发的人们记忆中相关构念的活跃程度，将进一步影响人们的判断和决策（Bettman et al.，1986；Neely，1991）。个体投资者的认知能力、对财务信息的分析能力具有一定的局限性，他们更可能使用简单的、启发式的信息加工方式对获得的信息做出权衡和评价，其判断和决策可能更容易受到记忆中当前被激活的某些构念的影响，即个体投资者在投资判断中较可能发生启动效应。

在市场营销学的研究中，也有学者研究了广告情境对平面广告中产品信息处理过程的影响，发现消费者先前接触到的一些情境因素，可能“启动”某些产品属性的影响，进而增加消费者基于这些被启动的、活跃的属性解释产品信息的可能性（Yi，1990a；1990b）。具体地，有学者进行了一项实验，在实验中提供给消费者一则强调汽车“体积大”的广告（Yi，1990a）。消费者的知识构念中通常可能有两类关于汽车“体积大”方面的认知，即可能认为这一特征是代表汽车安全性方面的有利信息，或可能认为是代表汽车油耗较大方面的不利信息。广告中的情境可能影响消费者记忆中的哪些构念或知识被激活或被使用，预期将广告放置在安全性的文章中，将启动人们记忆中的“汽车安全性”的知识构念，消费者更可能将汽车“体积大”的属性解释为安全系数较高的有利方面因素，文章证实了这一预期。在财务会计的研究中，艾略特等（Elliott et al.，2011）研究发现，投资者记忆中对净利润的构念或知识结构通常有两类：一类是将净利润作为评价公司前景的众多指标之一；另一类是将净利润作为评价公司前景的唯一概括性指标。实验研究结果表明，公司先前发布的盈余预测的形式，即综合盈余预测或分项盈余预测将启动投资者记忆中关于净利润的相关构念，进而影响投资者对盈余公告的净利润的关注程度，即当公司发布分项的盈余预测时，投资者在其投资判断中不太可能将净利润作为唯一的评价指标，因而表现出较低的盈余锁定行为。

三、风险判断的行为观与投资者判断

认知心理学认为，知觉是个体对直接作用于自身感觉器官的客观事物的整体属性做出的反应。个体的风险感知和判断带有显著的主观特征，斯洛维克（2005）认为风险是个人的主观定义，受心理、社会、制度和文化等多种因素的影响，即风险不能独立于个体的感受和认识之外。个体的认知活动可以分解为不同的阶段，每个阶段又可分为不同的单元，从而对输入的信息进行加工处理。外界的环境因素影响个体的注意，进而影响个体的知觉（邵志芳，2006）。在个体有限的认知能力和注意力下，个体对风险信息加工处理的过程中，风险信息列示的内容差异可能影响个体注意力的分配，进而可能影响个体对风险的感知和判断。

斯洛维克在1987年提出了风险判断的行为风险观（behavioral risk perspective），是指人们对风险的考虑可能基于一些行为变量，主要包括“恐惧”（dread）和“未知”（unknown），即当风险项目信息不太容易被观察，或缺少对风险项目信息的了解时，决策者将感知或判断该项目具有较高的风险。斯洛维克的研究中还将“恐惧”和“未知”进一步分为不同的因素进行测度。其中，“恐惧”维度的测量包括人们对风险项目感知到的“可控性”（control）、“任意性”（voluntariness）、“担忧的程度”（worry）以及“灾难性的可能”（catastrophic potential）；“未知”维度的测量涉及风险项目的“可观察性”（observability）、“新颖性”（newness）、“了解程度”（knowledge）以及风险项目产生的影响的“直接性”（immediacy）。风险判断行为模型捕捉到的信息，不同于风险判断的决策理论观，比如，“未知”维度捕捉到的个体对风险项目的了解程度和感知到的风险的新颖性，都不同于决策理论观中的可能性和结果变量捕捉到的信息；“恐惧”维度中担忧程度也可能捕捉到额外信息，在决策理论观中风险发生的可能性较低或较高，都可能引起较高的风险担忧程度。基于斯洛维克的风险判断行为模型，公司披露的风险信息较少或投资者不太容易理解风险信息时，投资者可能判断公司具有较高的风险；增加风险信息披露内容，减少投资者的未知感和恐惧感，有助于投资者作出比较恰当的风险判断。

洛温斯坦等（Loewenstein et al.，1999）的研究结论表明，人们对风险的反应基于两方面，一方面是人们从认知上（cognitively）评价风险，比如使用可能性和结果作为判断标准；另一方面是人们从情感上（emotionally）对风险作出反应，比如以“恐惧”的形式表现。霍德等（Hodder et al.，2001）的研究结论认为，投资者考虑的风险因素可能超出了所关注的损失可能性和结果，投资者可能会有选择地从风险产生的“恐惧”和“未知”方面做出考虑，基于这些考虑，投资者的风险判断可能有所不同。库恩斯等（Koonce et al.，2005）采用实验研究方法检验了投资者对金融项目风险判断时的影响因素，之前的研究都仅考虑了传统决策理论变量（可能性和结果）或斯洛维克提出的行为变量（恐惧和未知）的影响，实验结果表明决策理论变量与行为变量两者之间应当是互补的，共同地影响投资者的风险判断，并且结构方程的检验结果也显示，决策理论变量除直接影响风险判断外，还通过对行为变量的影响间接地影响投资者的风险判断。

第三节 仅披露损失信息、净风险信息披露与投资者判断

根据本书考察的两类风险信息披露的内容，我们首先分析了风险信息披露内容中仅包括公司业绩遭受损失方面的信息时，信息披露形式的差异可能引发的投资者判断的偏误，并阐述了相关的改进披露方式的有效性。

一、公司参与套期保值与投资者判断

在决策理论模型的研究中，20 世纪 40 年代，冯·诺依曼和摩根斯顿（Von Neumann and Morgenstem，1944）提出了期望效用理论，该理论是在公理推理的基础上，运用数学工具建立的对不确定性条件下理性人决策的分析框架。期望效应理论主要描述“理性人”在不确定性条件下的决策行为，然而，个体并不是纯粹的理性人，其决策可能受到复杂的心理机制的影响。最早对期望效应理论提出质疑的是著名的“阿莱斯悖论”（Allais paradox），阿莱斯（Allais，1953）的实验结果违背了期望效应理论中偏好的独立性、传递性、替代性等假定，对期望效应理论形成了挑战。

作为对期望效应理论的批判，卡内曼和特韦斯基（Kahneman and Tverskey，1979）提出了用于解释人们在不确定性情形下如何决策和判断的模型，称为“前景理论”（prospect theory）。前景理论表明，人们在作出判断和决策时，是厌恶损失的（loss aversion），即人们在考虑与损失、收益相关的决策时，对损失结果赋予的权重大于对收益结果赋予的权重。由于损失厌恶，人们会对确定性（certainty）结果赋予较高的权重，对很可能（probable）发生的结果赋予较低的权重，即称之为“确定性效应”（certainty effect）。在前景理论的基础上，福克斯等（Fox et al.，1996）研

究发现，当某一事件由不可能（impossibility）转化为很可能（possibility）时，或者由很可能（possibility）转换为确定性（certainty）时，事件对人们的影响更大。戚马克（Schoemaker，1980）的研究也发现，比较确定损失与不确定损失的方案时，当这些方案被标识为保险（insurance）或投机（gamble），个体会作出不同的决策。“保险”情境强化了决策者免受相关危害的信念，决策者会对完善的保护措施予以高度的评价（Kahneman and Tversky，1979；Fox et al.，1996）。

我国《企业会计准则第 24 号——套期会计》中指出，套期保值是指“企业为管理外汇风险、利率风险、价格风险、信用风险等特定风险引起的风险敞口，指定金融工具为套期工具，以使套期工具的公允价值或现金流量变动，预期抵销被套期项目全部或部分公允价值或现金流量变动的风险管理活动”。从准则规定中可以看出，公司使用套期工具对被套期项目进行套期保值，可以规避公司面临的相关风险，投资者对“套期保值”的感知，可能与“保险”（insurance）理念相联系，这一感知增强了投资者的信念，认为进行套期保值的公司可以免于相关风险的影响。库恩斯等（2005）研究发现，与浮动利率债券组合浮动利率转换为固定利率的掉期相比，将浮动利率债券组合浮动利率转换为固定利率的掉期并标识为套期保值时，投资者判断的风险较小；实验结果还表明，与金融工具用于非套期保值目的的情形相比，投资者对金融工具用于套期保值目的的情形类似于保险程度的评价显著更高，进一步证明了投资者认为套期保值类似于保险，与投资者倾向于确定性的结果是一致的。研究文献中也表明，进行套期保值时公司的风险降低、公司价值增加。库恩斯等（2008）研究表明，对使用衍生金融工具管理风险的公司，投资者对管理层的决策谨慎性、决策满意程度的评价更高，即使公司使用衍生金融工具造成了较差的结果，投资者也不会责备管理层。古伊（Guay，1999）研究发现，与没有使用衍生金融工具的公司相比，新使用衍生金融工具公司显著地减轻了股票收益率的波动、降低了利率风险和汇率风险，公司风险显著降低。巴特拉姆等（Bartram et al.，2011）研究表明，使用衍生金融工具降低了公司的整体风险和系统风险，对公司价值的影响是积极的。

通常而言，当公司使用衍生金融工具进行套期保值对冲预期的利率、汇率、商品价格等不确定的变动风险时，公司受未来市场因素变动的影响程度减轻，即降低了公司利润的波动程度，有利于保证公司的正常运营以及股东价值的增值。比如，公司使用期货或远期合约对预期与采购原材料相关的现金流进行套期保值时，如果预期购买的原材料价格上涨，则导致公司利润减少；但同时公司持有的期货或远期合约公允价值增加，进而增加了公司的利润。因此，公司使用期货或远期合约对冲了现货价格波动所带来的部分或全部风险，某种程度上锁定了公司未来购买原材料的价格，即锁定了公司未来的风险，有利于保持公司经营业绩的稳定，将很大程度地增加公司对投资者的吸引力。

二、损失风险信息披露与投资者判断

认知心理学中的启动效应理论认为，由于个体有限的认知能力，为减轻认知过程的负担，个体不愿意在其记忆中对所有可能的、有用的构念进行详尽的搜索（Higgins and King，1981；Wyer and Srull，1981），当前被激活、容易使用的类似构念很大程度将被用于随后的信息处理和决策过程（Wyer and Srull，1981）。心理学研究也表明，信息的标识所引发的人们记忆中相关构念的活跃程度，将进一步影响人们的判断和决策（Bettman et al.，1986；Neely，1991）。一些项目被分类或标识为收益或损失，尤其当其由非常规来源引发时，人们会将其与积极或消极的信号联系起来，激活人们记忆中与收益或损失相关的构念或知识（Gaynor et al.，2011），人们的判断和决策将受到这些信息的影响，在信息处理中赋予这些信息较高的权重。

戈莱德（Gonedes，1975）发现股票收益与特别项目（special item）的收益正相关，与特别项目的损失负相关，表明投资者感知到报告的收益是反映公司价值增加的信息，损失是反映公司价值减少的信息。里德尔和斯里尼瓦森（Riedl and Srinivasan，2010）研究发现，投资者会将特别项目收益与“积极”信号联系起来，将特别项目损失与“消极”信号联系起来。师盖纳等（Gaynor et al.，2011）、张丽霞和张继勋（2013）研究发现，信用风险变化导致公允价值变动确认为收益时，财务报表使用者更可能不恰当地将公司信用恶化的状况评价为较低的风险；相反，信用风险变化导致公允价值变动确认为损失时，财务报表使用者可能不恰当地将公司信用改善的状况评价为较高的风险，表明投资者是基于信息标识（收益或损失）所激活的记忆中的当前构念情况作出判断和决策的。

公司使用期货合约对预期采购的商品进行套期保值时，基于 FRR No. 48 的要求，公司必须披露预期商品市场价格变化引致的用于套期保值的期货合约公允价值变动使公司业绩遭受损失的不利情形，即套期保值工具风险或衍生金融工具风险。同时，FRR No. 48 也鼓励公司披露与预期购买商品或销售存货相关的非衍生金融工具的定量分析结果。换言之，鼓励公司披露不考虑期货合约套期保值情形下，预期商品市场价格变化使公司业绩遭受损失的不利情形，即商品价格波动风险，当公司进行套期保值时，即为被套期项目价格波动风险。因此，SEC 要求公司必须披露关于公司业绩遭受损失方面的风险信息。

在公司使用燃油期货合约对预期采购的燃油进行套期保值的情形下，对于进行套期保值的公司而言，在燃油（被套期项目）价格波动风险信息中，披露不考虑期货合约套期保值情形下，预期燃油价格上升导致公司利润减少的金额；同时，在套期保值工具风险信息中，披露预期燃油价格下降导致燃油期货合约公允价值减少，进而减少公司利润的金额。然而，对于不进行套期保值的情况，公司可能披露燃油价格波动风险信息，即披露不进行套期保值的情形下，燃油价格上升导致公司利润减少的金额。对进行套期保值和不进行套期保值公司的风险信息披露内容的比较可以看出，公司进行套期保值时，基于公司披露的燃油价格波动风险及其套期保值工具风险信息，公司业绩遭受损失的情形变得较为突出，在投资者有限的认知能力下，将“激活”或“启动”投资者记忆中关于套期保值的不利构念，并对这些明确披露的、与损失相关的不利的信息线索赋予较高的权重，使得投资者可能忽视套期保值在减轻风险方面的有利影响，即对套期保值规避风险、减少利润波动方面的线索赋予较低的权重。信息赋予权重的不同将进一步影响投资者对风险信息的评价过程，即风险信息中仅包括损失方面的信息内容对投资者感知造成的不利影响，可能抵消套期保值本身对投资者感知产生的有利影响。相对于不进行套期保值的公司，投资者可能不会感知到进行套期保值公司管理层较高的决策谨慎程度，进而给予公司较高的投资评价。

根据以上分析，我们预期，不进行套期保值且对燃油价格波动风险仅披露损失信息，与进行套期保值且对燃油（被套期项目）价格波动风险及其套期保值工具风险仅披露损失信息，投资者对两类情况作出的投资风险判断和投资吸引力评价可能没有显著差异，投资者未能感知到套期保值带来的风险降低，可能作出不恰当的投资判断，据此提出以下假设：

H1a：不进行套期保值且对燃油价格波动风险仅披露损失信息，与进行套期保值且对燃油（被套期项目）价格波动风险及其套期保值工具风险仅披露损失信息，两种情况下，投资者判断的投资风险和评价的投资吸引力均没有显著差异。

三、增加净风险信息披露对投资者判断的影响

基于个体注意力的有限性或紧张程度，个体在作出决策时会权衡其需要处理的信息（Simon，1978），为避免付出较多的认知努力，个体往往采取较容易实施的决策策略（Simon，1956），判断可能存在系统性偏误（Tversky and Kahneman，1974）。能力、知识的欠缺或努力程度不足可能是导致个体有限注意力的原因（Libby and Luft，1993），任务形式的细微变化可以缓解个体注意力的紧张程度（Einhorn and Hogarth，1981；Kleinmuntz and Schkade，1993），有助于个体增加处理信息的数量，从而改进他们的决策和判断。信息列示方式通过影响人们处理信息时付出的努力程度，加剧或减轻个体理性行为的偏离程度（Kleinmuntz and Schkade，1993）。个体通常感到自行进行信息转换的成本大于收益，他们更可能基于现有的信息列示方式处理信息，而不会自行地将信息转换为一个较为有用或相关的形式，以便于信息的加工处理（Payne，1982）。因此，如何改变信息列示形式，以比较有利于投资者信息处理的方式呈现信息，是改进投资者判断和决策的立足点。

减轻信息处理偏误的一种方法是以补充披露的方式“改装”（repackage）信息，使决策者更容易实现准确判断的目标（Dietrich et al.，2001）。

对于拥有较少专业投资知识的个体投资者而言，补充披露信息可以减轻个体投资者从财务报表信息中进行推断时所付出的认知努力，缓解投资者的认知压力，有助于他们作出更准确的定价决策。美国注册会计师协会（The American Institute of Certified Public Accountants，AICPA）建议披露一些对传统财务报告的补充信息，比如要求公司披露更多的前瞻性信息，包括管理层计划、机会、风险以及计量不确定性方面的信息（AICPA，1994）；赔款准备金披露准则要求，在财务报表中，公司需要提供给使用者关于应收账款可靠性方面的直接信息（FASB ASC 310 - 10 - 50，2010）；公允价值披露准则要求，公司需要提供给使用者关于公允价值估值可能性方面的信息（FASB ASC 820，2011）。已有的文献研究也表明，提供一些补充信息可以改进投资者的判断和决策。迪特里希等（Dietrich et al.，2001）研究发现，公司披露管理层对不确定储量的最佳估计值或估计值的上限时，可以明显地减轻投资者信息处理偏误。库恩斯等（2011）研究表明，额外信息中提供的放弃机会方面的信息内包括反事实陈述时，将有助于投资者改进对公允价值相关性方面的判断。克雷佩尔等（Clor - Proell et al.，2014）研究发现，在利润表中增加单独的关于公允价值变化的一列信息，将减少投资者付出的认知努力，投资者在其判断和决策中将更多地考虑公司披露的计量差异方面的信息。

在列示不同的风险因素信息的基础上，进一步列示综合的风险信息，可以使信息使用者更好地评价市场风险产生的原因及其后果（Hodder et al.，2001）。公司使用燃油期货合约对预期购买的燃油进行套期保值情形下，在公司披露燃油（被套期项目）价格波动风险及其套期保值工具风险的基础上，进一步增加披露考虑持有的燃油期货合约的抵消作用后，燃油市场价格变动对公司业绩的净影响，即套期保值后净风险，一定程度上可以减少投资者在信息加工过程中付出的认知努力，投资者可以直接获得净风险信息，了解套期保值后风险管理的效果，减轻投资者过度关注风险信息披露中关于损失方面的预期，降低对损失信息赋予的权重，增加对净风险信息赋予的权重。具体地，在仅披露燃油价格变动导致公司利润遭受损失的情形下，公司增加披露燃油价格上涨对公司利润减少的净影响金额，投资者可以直观地对比不考虑燃油期货合约影响前燃油价格上涨对利润的影响与考虑燃油期货合约影响后燃油价格上涨对利润的影响，通过比较可以清晰地了解套期保值后公司利润减少的程度降低，从而使投资者可以较恰当地判断公司的投资风险、评价公司的投资吸引力。因此，增加披露净风险信息可能作为一类比较有效的信息披露方式，有助于投资者作出比较恰当的投资判断。根据以上分析，我们预期，相对于进行套期保值的公司对燃油（被套期项目）价格波动风险及其套期保值工具风险仅披露损失信息的情形，在披露燃油价格波动风险及其套期保值工具风险的损失信息基础上，增加披露套期保值后净风险的损失信息时，投资者判断投资风险更低，投资吸引力更高，投资者能够感知到套期保值带来的风险降低，可能作出比较恰当的投资判断。据此提出以下假设：

H1b：与对燃油（被套期项目）价格波动风险及其套期保值工具风险仅披露损失信息的情况相比，在此基础上增加披露套期保值后净风险的损失信息时，投资者判断的投资风险更低、评价的投资吸引力更高。

四、仅披露净风险信息对投资者判断的影响

基于国内外上市公司的风险信息披露状况，一些公司在年报中没有披露燃油价格波动风险及其套期保值工具风险信息，而是仅披露了套期保值后的净风险信息，即公司综合地披露了公司套期保值后面临的市场风险状况，没有分别对这一综合信息的各部分的风险状况做进一步的披露。相对于分项列示的数据（disaggregated data），个体在处理综合数据（aggregated data）时，通常需要耗费更多的认知成本了解信息的组成状况，个体将对综合数据赋予较小的权重（Fischhoff et al.，1978）。同时，综合列示的信息可能不利于信息使用者了解信息的组成状况，可能影响信息使用者对信息本身的可信性、准确性、有用性的评价，进而可能不利于其作出比较恰当的判断和决策。

2009 年，FASB 和 IASB 在一项对分析师的调查中表明，分析师认为当前被提议的列示形式变化中，增加分项信息是最有用的变化（FASB/IASB，2009）。国际会计准则第 1 号（IAS 1；IASB，2009）要求公司在列示费用总额的同时，需要按功能或性质分项列示费用，分项列示的程度由

公司自行决定。市场营销的研究中发现，相比提供概括性的信息，进一步提供给消费者关于产品的所有营养成分信息时，消费者将更多地利用这些信息（Russo et al.，1986）。利佩（1986）研究发现，净利润组成要素提供的信息超过了净利润数值本身提供的信息。霍德等（2001）研究表明，信息使用者可能发现敏感性分析或 VaR 中的分项因素提供了对当前综合数值的增量信息。赫斯特等（2007）研究发现，管理层发布的综合盈余预测的可信性较低，分项盈余预测通过影响投资者对财务报告质量的积极评价，影响其对盈余预测可信性的评价，进而影响其作出较高的市盈率判断。利比和布朗（2013）研究发现，综合列示费用项目金额降低了审计师感知到的 SEC 会增加对各分项数值中未更正错报的审查，审计师对各分项项目的可容忍错报金额较高，各分项的项目金额、小计金额、总计金额的可靠性较低。

当信息披露内容仅包括公司利润遭受损失的信息时，基于仅披露套期保值后的净风险信息，即不再披露燃油价格波动风险及其套期保值工具风险信息，投资者只能了解考虑燃油期货合约套期保值的影响后燃油价格上涨导致公司利润减少的金额，而无法了解套期保值前的燃油价格波动风险信息以及套期保值工具风险信息。然而，增加净风险信息披露形式，可以比较全面地披露燃油价格波动风险、套期保值工具风险以及两者抵消后的套期保值后的净风险信息。因此，在仅披露净风险的损失信息形式下，投资者不能很好地感知或了解套期保值在规避风险、降低利润损失方面的有利性。我们预期，相对于对燃油（被套期项目）价格波动风险及其套期保值工具风险仅披露损失信息且增加披露套期保值后净风险的损失信息情形，在没有披露燃油价格波动风险及其套期保值工具风险的损失信息、仅披露套期保值后净风险的损失信息情形下，投资者判断的公司投资风险更高、投资吸引力更低。据此提出以下假设：

H1c：与对燃油（被套期项目）价格波动风险及其套期保值工具风险仅披露损失信息且增加披露套期保值后净风险损失信息的情况相比，仅披露套期保值后净风险的损失信息时，投资者判断的投资风险更高、评价的投资吸引力更低。

第四节　同时披露损失和收益信息、净风险信息披露与投资者判断

在本节中，我们将考察风险信息内容同时包括披露损失和收益信息时，风险信息披露形式将如何影响投资者评价和权衡信息，以及如何影响投资者的投资判断。

一、损益风险信息与损失风险信息披露对投资者判断影响的比较

未来市场因素的变化不是单向的，既有上升的可能，也有下降的可能，价格变化可能使公司存在遭受损失的风险，但也存在公司业绩提升的机会。尽管 FRR No. 48 要求公司必须披露假定市场价格变化导致的公司遭受损失的金额，但没有禁止公司自愿披露市场价格变化增加公司收益的金额。国际会计准则和我国会计准则都要求公司在报告期末应当对面临的每一类风险进行敏感性分析，说明相关市场变量在期末发生合理可能的变动时，可能产生的收益和损失，即在风险信息披露内容中要求同时包括损失和收益信息。

基于风险判断行为观的视角，人们对风险的思考可能不仅限于决策理论观的可能性和后果，还可能取决于两个基本的行为变量——“恐惧”和“未知”（Slovic，1987），风险信息通过行为变量也可能影响投资者的风险判断（Koonce et al.，2005）。20 世纪 90 年代中期开始，国内外媒体大量报道了衍生金融工具使公司遭受重大损失的相关案例，如巴林银行、安然公司等。同时，近年来关于衍生金融工具使用方面的激辩也一直在持续，如巴菲特（Warren Buffett，2003）将衍生金融工具描述为“财务的大规模杀伤性武器”。由于投资者对衍生金融工具缺少完备的知识或理解，更可能基于明确显示的信息作出判断和决策。即使较大的损失可能不会频繁地发生，但大量、相关的负面事件和报道将强化投资者感知到衍生金融工具使用与损失密切相关（Loomis，1995），投资者更容易关注或回忆衍生金

融工具使公司遭受较大损失的情形，可能高估这些损失发生的可能性，进而可能放大投资者内心的未知感和恐惧感（Hodder et al.，2001）。在套期保值相关的市场风险信息披露中，SEC 强制要求公司仅披露关于业绩损失的负面信息，可能引发投资者较多地回忆起衍生金融工具遭受损失方面的报道，加剧投资者感知到的恐惧和未知，进而可能导致投资者作出有偏的风险判断和投资决策。

减轻投资者内心恐惧和未知的有效机制可能是披露收益信息。收益信息可以减轻人们对风险的感知（Luce and Weber，1986；Lopes，1984），公司通过传递上涨潜力的信息可以减轻预期的损失信息对信息使用者的影响。在公司进行套期保值的情形下，在燃油价格波动风险及其套期保值工具风险信息披露中，同时包括燃油价格上涨或下降对公司利润的不利影响或有利影响，相对于仅披露燃油价格变动导致公司利润遭受损失的情形，一方面，可以通过披露利润的预期增加减轻损失信息带来的不利影响程度，即减轻投资者感知的对损失的恐惧感；另一方面，同时披露损益信息也可以使投资者更为明确地获得未来相关的收益信息，投资者不需要对公司利润的收益信息进行推测，一定程度上减轻了投资者感知到的对风险信息的未知感。恐惧感和未知感的减轻，将有助于投资者比较合理地加工处理信息，作出比较恰当的投资判断。相对于仅披露损失信息情形，同时披露损失和收益信息，可能作为另一类比较有效的信息披露方式，投资者能够感知到套期保值带来的风险降低，作出比较恰当的投资判断。根据前面分析，我们预期，相对于对燃油（被套期项目）价格波动风险及其套期保值工具风险仅披露损失信息的情形，对燃油价格波动风险及其套期保值工具风险同时披露损失和收益信息时，可以减轻投资者的投资判断偏误，投资者对公司的投资风险判断更低，投资吸引力评价更高，据此提出以下假设：

H2：与对燃油（被套期项目）价格波动风险及其套期保值工具风险仅披露损失信息的情况相比，在对燃油价格波动风险及其套期保值工具风险同时披露损失和收益信息的情况下，投资者判断的投资风险更低、评价的投资吸引力更高。

二、损益风险信息披露与投资者判断

套期保值的情形下，同时披露损失和收益信息，在减轻投资者对风险感知的恐惧感和未知感的同时，这一披露情形也有助于投资者更全面地了解套期保值的过程和机制。以下将针对同时披露损失和收益信息情形下，讨论投资者能否比较恰当区分公司套期保值的情况，以及增加套期保值后的净风险损益信息披露形式、仅披露套期保值后的净风险损益信息披露形式对投资者判断的影响，进一步深入地讨论同时披露损失和收益信息对投资者投资判断的影响。

基于个体认知能力的有限性和心理学中的启动效应理论，当公司同时披露燃油市场价格变动使公司利润发生收益和损失的情形时，明确披露的损益风险信息使投资者可以同时看到价格向上、向下的同等变化，将同时激活人们记忆中与收益或损失相关的构念或知识，这些被激活的构念或知识使人们将信息与相关的积极或消极信号联系起来。风险信息内容中明确、清晰地同时包括损失和收益信息，投资者可以从多个视角去权衡、审视所获得信息的重要程度，客观地赋予损失、收益信息一定的权重，进而作出比较恰当的投资判断。霍德等（2001）研究认为，扩展风险信息披露内容，同时包括损失和收益信息将使投资者避免对类似的经济状况作出有差异的风险评价。库恩斯等（2005）研究发现，在衍生金融工具相关的风险信息披露中，根据公司披露的潜在收益和损失金额的对比情况，投资者能够恰当地区分公司运用的不同套期保值方法，基于不同的套期保值方法作出合理的风险判断。

公司不进行套期保值时，仅对燃油价格波动风险同时披露损失和收益信息，即预期燃油价格上升或下降导致公司利润的减少或增加的金额。公司进行套期保值时，不仅在燃油（被套期项目）价格波动风险中同时包括损益信息，即预期不考虑燃油期货合约套期保值情形下，燃油市场价格上升或下降所减少或增加公司利润的金额；而且在套期保值工具风险的披露中，也进行损益披露，即披露预期燃油市场价格上升或下降导致衍生金融工具公允价值增加或减少，进而增加或减少公司利润的金额。基于同时披露的损失信息和收益信息，投资者可以较好地对应燃油价格波动风险及其套期保值工具风险信息中，燃油价格上升或下降对公司利润的影响状况，可以直观地看到使用衍生金融工具对冲风险的作用，以及套期保值减轻公司利润波动程度的影响，可以明显地感知套期保值有助于规避公司面临的风险。然而，在公司不进行套期保值时，投资者仅获得燃油价格波动风险信息，投资者将感知到公司缺乏规避风险、减轻利润波动程度方面的风险管理措施，燃油价格变动导致公司利润波动的程度较大，不会给予公司较高的投资评价。因此，我们预期，相对于不进行套期保值且对燃油价格波动风险同时披露损失和收益信息的情形，进行套期保值且对燃油（被套期项目）价格波动风险及其套期保值工具风险同时披露损失和收益信息时，投资者判断的投资风险更低，投资吸引力更高，投资者能够感知到套期保值带来的风险降低，投资者可以作出比较恰当的投资判断，据此提出以下假设：

H3a：与不进行套期保值且对燃油价格波动风险同时披露损失和收益信息的情况相比，在进行套期保值且对燃油（被套期项目）价格波动风险及其套期保值工具风险同时披露损失和收益信息的情况下，投资者判断的投资风险更低，评价的投资吸引力更高。

三、增加净风险信息披露对投资者判断的影响

基于对损益风险信息披露的分析可以看出，由于公司同时披露了被套期项目及其套期工具的损益风险信息，投资者可以对应地估计套期保值后市场价格变动对公司利润影响的净金额。比如，如果预期未来燃油市场价格上升或下降，不考虑期货合约的影响，公司的利润金额将减少或增加；同时，预期未来燃油价格上升或下降，将导致公司持有的燃油期货合约公允价值增加或减少，由此将引发公司的利润金额增加或减少。基于这些信息，投资者可以很好地对应燃油市场价格上升或下降时，燃油（被套期项目）价格波动风险及其套期保值工具风险信息中公司利润受到影响的情形，可以比较清晰地感知到两者对利润的影响是反向的，进而比较容易估算出公司套期保值后的净风险信息，也可以较好地了解套期保值在减轻公

司利润波动方面的有效性，作出比较恰当的投资判断。

不同的信息列示方式通过影响信息处理时付出的较少或较多的努力，减轻或加剧偏离理性行为的程度（Kleinmuntz and Schkade，1993）。在燃油价格波动风险及其套期保值工具风险损益信息披露的基础上，增加披露套期保值后净风险的损益信息，没有提供给投资者一些影响其投资判断的额外信息，对投资者估算净风险信息时付出的认知努力程度的影响也不够显著，因此，可能不会影响投资者作出的投资判断。根据前面分析，我们预期，当进行套期保值的公司对燃油（被套期项目）价格波动风险及其套期保值工具风险同时披露损失和收益信息时，无论是否增加披露套期保值后净风险的损益信息，投资者判断的投资风险和评价的投资吸引力没有显著差异，投资者作出的投资判断都是比较恰当的。据此提出以下假设：

H3b：在对燃油（被套期项目）价格波动风险及其套期保值工具风险同时披露损失和收益信息的情况下，无论是否增加披露套期保值后净风险的损益信息，投资者判断的投资风险和评价的投资吸引力均没有显著差异。

四、仅披露净风险信息对投资者判断的影响

在仅披露损失信息的理论分析中，我们从个体耗费认知成本的视角分析了仅披露套期保值后净风险的损失信息对投资者判断的影响。类似地，在同时披露损失和收益信息时，仅披露套期保值后的净风险信息形式，投资者仅能获得套期保值后燃油价格变动导致公司利润增加或减少的信息，不能够获取燃油（被套期项目）价格波动风险信息中套期保值前燃油价格变动对利润影响方面的信息，也不能了解套期保值工具风险信息中燃油价格变动导致燃油期货合约公允价值变动进而影响利润方面的信息。相对于仅披露损失信息情形，同时披露损失和收益信息，投资者还将缺失燃油价格波动风险、套期保值工具风险信息中公司利润的收益影响方面的信息，投资者信息缺失的程度更大。较多信息的缺失使投资者需要付出更多的认知努力，以了解套期保值的整个过程，认知成本的增加将使投资者在作出投资判断时，对综合性的套期保值后净风险信息赋予的权重较低。然而，

在增加披露套期保值净风险的损益信息情形下，投资者可以比较全面地获得燃油价格波动风险、套期保值工具风险、套期保值后的净风险方面的信息，并且披露内容中同时包括了公司利润损失和收益方面的信息，投资者可以较全面地了解整个套期保值情形下公司业绩受到影响的过程，作出比较恰当的投资判断。

根据前面分析，我们预期，相对于进行套期保值的公司对燃油（被套期项目）价格波动风险及其套期保值工具风险同时披露损失和收益信息并增加披露套期保值后净风险的损益信息情形，在没有披露燃油价格波动风险及其套期保值工具风险的损失和收益信息、仅披露套期保值后净风险的损益信息情形下，投资者判断的投资风险较高、投资吸引力较低。据此提出以下假设：

H3c：与对燃油（被套期项目）价格波动风险及其套期保值工具风险同时披露损失和收益信息且增加披露套期保值后的净风险损益信息的情况相比，仅披露套期保值后净风险的损益信息时，投资者判断的投资风险更高，评价的投资吸引力更低。

第五节 风险信息披露内容、形式对投资者判断影响的中介效应分析

相对于档案研究方法，实验研究方法的优势之一在于，可以研究决策过程的相关机制，即通过对一系列中介变量的计量，可以很好地研究决策者作出判断时的具体决策路径。利比等（2002）研究表明，对中介变量的测量有助于解释与复杂理论相关的结果，他们鼓励研究者测度可能的中介变量。基于本书的研究背景，我们分别检验了增加套期保值后的净风险信息披露形式以及风险信息披露内容差异对投资者投资判断影响的具体过程。换言之，我们考察了两类减轻投资者投资判断偏误的方式——增加套期保值后净风险的损失信息披露形式、同时披露损失和收益的风险信息披露内容对投资者判断影响的具体机制，即分别通过哪些中介变量最终影响投资者的投资判断。

基于风险判断的决策理论观和行为观方面的研究，决策理论变量可能影响人们对行为变量的评价（Lowenstein et al.，2001），比如，损失的结果信息可能影响人们感知的害怕、担忧程度。昆路德等（Kunreuther et al.，1978）研究发现，在人们经历洪灾或地震后，人们更可能购买洪灾或地震方面的保险，他们认为这一现象是由于灾害发生的现实性使经历损失的个体感到的担忧程度较大。库恩斯等（2005）研究表明，在敏感性分析中公司披露的与金融工具相关的损失结果，将使人们感到的恐惧感更大。同时，管理层有自我服务（self-serving）的动机，有较大的意愿去报告对公司有利的信息，年报中披露的公司净利润遭受损失的相关信息可能被感知到是更可信的（Mercer，2005），负面信息被感知的不利程度是更强烈的（Hobson and Kachelmeier，2005）。因此，在套期保值情形中，公司在燃油价格波动风险及其套期保值工具风险中仅披露燃油价格变化对公司净利润的不利影响，即导致净利润减少的情形，可能放大了投资者对燃油价格上升风险的担忧程度。

更多细节信息的披露可以减轻个体内心的恐惧感（Hodder et al.，2001）。风险信息中仅包括损失信息时，投资者可能作出有偏的投资判断。两类减轻投资者判断偏误的披露方式，可能有助于投资者作出比较恰当的投资判断：一类是增加披露套期保值后净风险的损失信息，投资者通过耗费较少的认知成本，便可以通过套期保值后的净风险信息清晰地了解套期保值后燃油价格上升导致净利润减少的净额；另一类是在燃油价格波动风险及其套期保值工具风险信息中同时披露损失和收益信息，损益信息披露通过使投资者了解到预期可能获得的净利润的收益状况，投资者可以较好地对应燃油价格上升或下降引致的被套保项目和套保项目对净利润的影响金额，并比较容易推测出套期保值后的燃油价格变动对净利润的净影响金额。无论是增加披露套期保值后净风险的损失信息披露形式，还是同时披露损失和收益风险信息内容的情形，都使投资者可以获得或较容易地推测出套期保值后的净风险信息，可以了解套期保值在减轻风险方面的好处。担忧程度作为测量“恐惧”这一行为变量的有效维度之一，增加披露净风险信息形式或同时披露损益信息内容，可以一定程度上减轻投资者对燃油价格上升风险的担忧程度。

在燃油价格波动风险信息中，预期采购的燃油市场价格变化将导致公司采购燃油的成本发生变化，进而影响公司净利润的波动。在套期保值工具风险信息中，预期采购的燃油市场价格变化导致公司使用的衍生金融工具公允价值变化，进而影响公司净利润的波动。投资者对燃油价格上升风险的担忧程度越大，可能感到未来燃油价格变化导致公司净利润的波动程度越大，即影响其对公司净利润波动程度的评价。相对于在燃油价格波动风险及其套期保值工具风险信息中仅披露损失信息情形，增加披露套期保值后净风险的损失信息的披露形式，以及在燃油价格波动风险及其套期保值工具风险信息中同时披露损失和收益的信息内容，可能使投资者对燃油价格上升风险的担忧程度降低，同时由于投资者可以获得或估计套期保值后净利润波动的净风险信息，投资者将直观地观察或感知到净利润波动降低的幅度，因而在投资者对风险担忧程度较低的感知基础上，投资者判断的公司净利润的波动程度较低。

净利润较大的波动可能意味着公司的投资风险较高，投资者的风险判断随着盈余变动性的增加而增大（Farrelly and Reichenstein，1984；Farrelly et al.，1985；Lipe，1998）。较高的净利润波动程度与较高的 beta 系数（Beaver et al.，1970）和风险溢价（Gebhardt et al.，1999）相关。麦恩斯和麦克丹尼尔（2000）研究表明，综合收益变动程度影响投资者对风险的感知，与投资相关的风险感知进而会影响投资者对公司股票风险的整体评价。因此，投资者在选择、评价投资对象时，净利润将作为重要的评价指标之一，净利润较大程度的波动可能表明公司的经营业绩不太稳定，公司可能存在重大的利空消息，影响投资者的投资信心（张继勋和刘文欢，2014），负面消息将进一步影响投资者感知到的投资风险（Rose et al.，2010），因此，投资者可能感知到净利润波动程度较高的公司的投资风险较大。在其他情况相同的条件下，投资者往往更愿意向有较低投资风险的公司进行投资。投资吸引力作为测度投资者投资意愿的变量（Koonce et al.，2010），投资者对公司净利润波动程度的判断可能会影响对公司的投资吸引力评价，而净利润波动程度对投资吸引力评价的影响可能是通过投资风险的估计来实现的，即投资者先估计投资风险，以此为基础再评价公司的投资吸引力。

基于上述风险信息披露内容、形式对投资者判断影响的相关中介变量的分析，投资者对公司燃油价格上升风险的担忧程度可能中介了净风险信息披露形式、损益信息披露内容对公司净利润波动程度判断的影响，净利润波动程度可能中介了燃油价格上升风险的担忧程度对投资风险判断的影响，投资风险可能中介了净利润波动程度对投资吸引力评价的影响，如图3－1、图3－2所示。我们提出以下假设：

H4a：净风险信息披露形式对投资者判断的净利润波动程度的影响被投资者感知的燃油价格上升风险的担忧程度所中介；燃油价格上升风险的担忧程度对投资者判断的投资风险的影响被净利润波动程度所中介；净利润波动程度对投资者评价的投资吸引力的影响被投资风险所中介。

图3－1　净风险信息披露形式对投资者判断影响的中介效应预期

资料来源：笔者整理。

H4b：风险信息披露内容对投资者判断的净利润波动程度的影响被投资者感知的燃油价格上升风险的担忧程度所中介；燃油价格上升风险的担忧程度对投资者判断的投资风险的影响被净利润波动程度所中介；净利润波动程度对投资者评价的投资吸引力的影响被投资风险所中介。

图3－2　风险信息披露内容对投资者判断影响的中介效应预期

资料来源：笔者整理。

第四章

实验设计

个体投资者投资判断是个体判断和决策研究的一个重要领域，本书研究的主要目的是探究套期保值背景下公司披露的风险信息内容、形式对个体投资者投资判断的影响。从上面的理论分析中可以看出，个体投资者的判断和决策过程会受到一些心理因素的影响，通常可能无法通过公开的数据进行直接观测。实验研究方法作为会计行为研究的主要研究方法，可以很好地揭示个体判断和决策的具体过程，排除一些无关因素的干扰，更为纯粹地检验变量之间的因果联系。因此，在本书中，我们采用实验研究方法检验被套期项目及其套期工具的风险信息披露内容、形式对个体投资者判断的影响。本章主要阐述了本书的实验设计，具体分为三个部分：第一节阐述了实验总体设计以及实验参与者的选择、构成情况；第二节阐述了实验任务和实验具体过程；第三节介绍了实验设计中主要操控的自变量以及选取的因变量情况。

第一节　实验总体设计与实验参与者

一、实验总体设计

（一）实验研究方法的优势

实验研究法是根据研究的需要，操控一个或多个自变量，控制其他无关的变量，进而观察自变量变化带来的因变量的变化，以此来检验自变量和因变量之间的因果关系的一种科学研究方法（Kerlinger，1973）。在财务会计、审计等研究领域中，相对于其他研究方法，实验研究方法在构建和设计实验情境的基础上，分解或控制现实环境中复杂的、相互干扰的因素，通过严密的实验操控，从而观察到纯粹、干净的自变量与因变量之间的因果关系。

本书关注于被套期项目及其套期工具的风险信息披露内容、形式对投资者判断的影响。采用实验研究方法的优势主要体现在以下几个方面：

第一，实验研究方法是个体行为研究中采用的主要方法，可以有效地控制现实环境中难以分离的、相互干扰的相关经济因素的影响。目前国内外上市公司使用衍生金融工具进行套期保值后，对与套期保值相关的市场风险信息披露的内容、形式差异较大，实验研究方法可以有效地将影响投资者判断的多种因素分离开来，保持公司使用的衍生金融工具类型、公司的基本经济状况不变，而仅仅改变操控的自变量——风险信息披露的内容、形式，从而纯粹地检验自变量与因变量之间的因果关系。

第二，实验研究方法可以有效地对公开披露数据较少、难以获取或实践中还没有实施的问题等进行检验。对于目前实务中没有涉及的、额外的财务信息披露的有效性，实证研究方法可以有效地对其进行事前检验（Libby et al.，2002），为监管政策的修订提供有价值的建议。在市场风险信息披露实务中，披露套期保值后净风险信息的上市公司较少，采用实证研究方法难以获得充分、足够的样本数据进行检验。实验研究方法可以较恰当地检验这一信息披露的有效性，为监管政策的实施状况和修订提供有用的经验证据。

第三，借助实验研究方法，我们可以有效地观察到个体投资者判断的具体过程，获得实证研究中无法直接观测到的中介变量，深层次地探索和观察个体投资者进行判断和决策的具体途径和机制。投资者对市场风险信息评价的过程中，通过对投资者感知到的燃油价格上升风险担忧程度、净利润波动程度等中介变量的测量，可以较好地考察和检验投资者判断和决策的具体认知过程。

（二）实验设计

考察变量之间因果联系是运用实验研究方法考察研究问题的主要目的，精心的实验设计是实现这一目的的前提和基础。实验设计的构建应使研究者尽可能地客观、准确、有效、经济地回答其提出的研究问题（Trotman，1996）。理想的实验设计应当具有较高的内部效度和外部效度（Campbell and Stanley，1966）。实验中当因变量的变化可以明确、有效地归属于操控的自变量变化时，则认为实验具有较高的内部效度。实验参与者的成熟程度、与实验参与者相关的历史环境因素、多次实验测试、参与实验的主动性等都可能影响实验的内部效度，通常情形下，可以通过随机化、保持额外变量恒定等方法控制实验的内部效度。实验的外部效度是指实验结果可以一般化地推广到不同的人、环境中，实验结果具有普遍适应性和代表性。实验研究方法在保证具有较高内部效度的同时，可能会损失一定程度的外部效度，通常情况下，可以通过提高实验情境与现实情境的拟合度、样本的代表性等以改进实验的外部效度。虽然保证实验的内部效度和外部效度至关重要，但一些研究也认为，内部效度是实验研究最基本的要求，如果所有的心理学研究都追求达到较高的外部效度，实验研究将无法得出结论（Mook，1983）。同时，实验设计时不仅需要考虑效度问题，也需要考虑效率问题，应尽可能地以较为经济的方式达到特定水平的效度（Libby et al.，2002）。

本书的研究中采用 2×3+2 被试间的实验设计。根据研究的需要，实验参与者被随机地分配到 8 个不同的处理组中，在相同的任务背景下检验操控的两个自变量对实验参与者作出判断的影响。其中，2×3 实验设计的两个自变量分别是风险信息披露内容和风险信息披露形式。风险信息披露内容因素为两个水平，分别为仅披露损失、同时披露损失和收益；风险信息披露形式因素为三个水平，分别为无净风险信息、增加套期保值后净风险信息、仅披露套期保值后净风险信息。+2 的实验设计是指包括两个控制组，分别是在不进行套期保值情形下，在燃油价格波动风险信息中仅包括损失信息、同时包括损失和收益信息两种情形。设置控制组的目的是通过观测实验组和控制组的结果，可以有效地证实实验操控变量的作用，在本书研究中，我们通过将不进行套期保值情形的控制组与进行套期保值情形的实验组进行比较，检验现行的信息披露要求是否可能导致投资者的判断发生偏误。

根据实验参与者参与实验水平的不同，实验分为被试间实验、被试内实验和混合实验三类，本书采用被试间的实验设计。被试间的实验设计是指实验参与者只接受一个自变量的一个水平或多个自变量情形下的一个自变量水平组合影响的实验处理。被试间的实验具有几个方面的优点：(1) 在短时间内实验参与者能够完成单一水平的实验处理，可以避免由于实验处理时间过长所产生的疲劳效应（fatigue effect）；（2）相对于实验参与者内的实验设计实验参与者要同时接受几个水平的实验处理，被试间的设计实验参与者只需接受单一水平的实验处理，从而可以排除实验参与者内实验设计可能产生的学习效应（learning effect）或需求效应（demand effect)；（3）通过对实验参与者进行随机化分组，可以降低实验参与者的反应偏误（张继勋，2008）。

为了明确自变量与因变量的关系，使实验观察到的结果仅由自变量的影响引发，而不是受到其他额外变量的影响所致，我们需要对额外变量予以控制，降低其对因变量的影响，以确保实验结果的内在有效性。随机化法是控制额外变量影响的最重要方法，由于实验参与者有均等的机会被分配到每一个处理组中，则平均而言各处理组中的实验参与者在各方面是相似的，从而可以保证其他的额外变量不会使实验结果产生系统性偏差(Trotman，1996)。因此，在实验中我们对实验参与者进行随机分配，以对一些实验之前存在的差异加以控制，从而可以合理地推断不同处理组中的投资者判断差异是由操控的自变量——风险信息披露内容、形式因素引发的。

二、实验参与者

会计行为实验研究中，其研究对象是个体的行为，实验参与者选择的恰当性直接关乎实验结果，选择与研究目的相匹配的实验参与者，基于实验参与者判断得到的实验结果才具有有效性、可靠性和普遍适应性。利比等（2002）认为，并不是任何实验都需要获得专业的实验参与者（professional participants），而是需要获得与其实验目的相匹配的实验参与者。在本书中，我们是从个体投资者的视角研究投资者的投资判断问题，实验的背景涉及公司运用衍生金融工具对预期采购的商品进行套期保值的情景，需要实验参与者作出风险分析和投资判断。因此，基于本书的实验目的和实验背景，实验参与者需要拥有一定的会计信息分析能力和投资知识，只有充分地具备这些要求的实验参与者，才是个体投资者的合适的替代（Libby et al.，2002）。

本书的实验参与者是有经验的会计专业硕士（MPAcc）和财务方向的工商管理硕士（MBA）学员，来自我国某重点大学商学院。我们使用MPAcc和财务方向的MBA学员作为实验参与者的主要原因在于，一些涉及较多会计知识的投资者判断和决策的研究文献中，会使用专业的会计人员、会计或财务专业的硕士生作为实验参与者，比如，师盖纳等（2011）在对信用风险引发的金融负债公允价值的研究中，认为注册会计师（CPA）更有能力利用公允价值的相关信息评价风险，应使用CPA作为实验参与者；也有学者在关于投资者对管理层盈余预测反应的研究中，使用财务管理专业硕士生作为实验参与者（Han and Tan，2010）；艾略特等（2014）关于社会责任信息对投资者公司估值影响的研究中，使用了财务报表分析课程中的硕士研究生作为实验参与者；艾略特等（2007）研究表明，MBA学生是个体投资者合适的替代者。在本书实验中，我们要求实验参与者作出的判断和决策问题涉及较多的会计知识和投资知识，实验参与者需要具有一定的会计信息、风险信息的分析能力，我们采用的是有经验的MPAcc和财务方向的MBA学员，他们不仅拥有一定的会计知识，而且还具有相当的工作经验，可以很好地与我们的实验目标相匹配。本书实验的参与者共有257名，他们的平均年龄为28.5岁。其中110名实验参与者为男性，占总体实验参与者的42.8%；147名实验参与者为女性，占总体实验参与者的57.2%。已经投资于股市和准备投资股市的实验参与者比例为87.2%，其中75.5%的实验参与者以前投资过股市，平均投资经验为3.85年，47.6%的实验参与者未来准备投资于股市。实验参与者的平均工作年限为5.50年，平均学习过9.74门的财务和会计课程。

第二节　实验任务与过程

一、实验任务

实验任务的复杂程度影响实验参与者判断决策的质量（Wood, 1996; Bonner, 2007），在实验中通常使用实验指导语加以控制。实验指导语作为指导实验参与者如何进行实验的说明，通常包括实验的目标、实验过程、实验参与者需要作出的决策等实验细节内容，实验参与者将按照实验指导语的指示完成实验，因此，实验指导语应避免使用难以理解的专业术语。

本书的主要研究目的是考察被套期项目及其套期工具的风险信息披露内容、形式对投资者判断的影响。基于这一目的，实验参与者需要完成的实验任务是，在阅读了公司年报中的相关风险信息之后，假定作为公司的一位潜在投资者，对几个与投资决策有关的问题作出自己的判断。根据国内外上市公司年报中市场风险信息披露的相关内容和形式，并借鉴已有研究文献中的实验任务情况，我们设计了本实验案例资料的背景信息。背景信息中指出，实验参与者需要作出评价的公司是一家航空业上市公司，该公司主要从事国际、国内定期及不定期的航空客、货、邮和行李运输业务。在简单介绍背景信息之后，提供给实验参与者公司近三年的财务数据摘要。在实验任务中我们之所以提供给实验参与者这些背景信息，原因在于这些背景资料能够使实验参与者感到实验任务更贴近现实，更大限度地模拟、接近投资者作出投资决策的真实环境。我们选择的投资对象所在的行业为航空业，原因在于航空业公司为控制燃油成本，经常使用衍生金融工具对预期购买的燃油进行套期保值。相对于其他经常使用衍生金融工具的金融业公司，航空业公司的套期保值业务更易于实验参与者理解，可以避免实验参与者由于不熟悉实验任务中的任务场景而产生判断偏误，有助于实验结果的可靠性。

二、实验过程

本实验是在 MPAcc 和 MBA 学员学习的课堂上授课开始之前进行的，将实验材料按实验操控的八个条件组随机发给实验参与者。实验材料共分为四个部分，分别为知情同意书、案例材料、实验参与者需要解答的与投资判断相关的问题以及人口统计信息问卷，实验材料中将这四个部分依次按顺序装订。在知情同意书部分，提醒并告知实验参与者本次实验任务的目的，以及一些注意事项。

实验的案例材料涉及一家航空业的上市公司（A 公司），在案例材料的背景信息中，我们提供给实验参与者关于 A 公司的背景信息，包括公司业务的简要介绍、公司近三年的财务数据摘要。

接下来提供给实验参与者相关的风险信息，告知实验参与者其在阅读 A 公司 2022 年年报时可关注到的一些风险信息。风险信息部分包括公司燃油价格风险及其套期保值决策的相关信息，涉及三个部分：燃油价格波动风险、用于套期保值的燃油期货合约风险、套期保值（使用燃油期货合约）后燃油价格波动的净风险，每个部分首先都简要描述了 A 公司在成本控制及套期保值方面的一些定性信息。比如，在“燃油价格波动风险”部分，描述为“燃油成本是 A 公司最主要的成本支出之一，燃油价格波动可能对本公司的经营业绩造成较大的影响，在过去几年中，燃油市场价格波动的幅度较大”；在“用于套期保值的燃油期货合约风险”部分，描述为“为控制燃油成本，降低上述燃油价格波动风险，减轻公司利润总额的波动程度，本公司使用燃油期货合约对部分预期采购的燃油进行套期保值”；在“套期保值（使用燃油期货合约）后燃油价格波动的净风险”部分，描述为“公司使用燃油期货合约对预期采购的燃油套期保值后，公司原有的燃油价格波动风险降低，利润总额的波动幅度减轻”。

风险信息每个部分的重点是对实验的自变量——风险信息内容、风险信息形式的操控。六个实验组是在进行套期保值的情形下，将风险信息披露内容自变量操控为两个水平：仅披露损失和同时披露损失和收益，主要差别在于是否披露了燃油价格变动导致增加公司利润的金额。对于风险信息披露形式自变量，操控为三个水平：无套期保值后的净风险信息、增加披露套期保值后的净风险信息、仅披露套期保值后的净风险信息，主要差别在于风险信息部分是否包括以及是否唯一包括“套期保值（使用燃油期货合约）后燃油价格波动的净风险”部分的内容。两个控制组是在公司不进行套期保值的情形下，只包括“燃油价格波动风险”部分的内容。

阅读了相关的风险信息资料后，要求实验参与者作为潜在的投资者，回答与投资判断相关的问题，其中包括投资风险、投资吸引力的因变量问题，以及燃油价格风险担忧程度、净利润波动程度等中介变量问题，还需回答操控性检验的相关问题等。

最后实验参与者填写个人信息的调查问卷，包括性别、年龄、工作经验、投资经验、对衍生金融工具的熟悉程度、学习的财务和会计课程数等。待实验参与者完成实验后，我们将实验材料立即收回，整个实验过程大约持续 20 分钟。

第三节 实验中的自变量和因变量

在实验中，通常需要操控一个或多个变量的变化，以观察这些变化导致的实验参与者反应的差异。研究者操控的、对实验参与者的反应产生影响的变量，称为实验中的自变量（independent variable）；操控的自变量变化所引发的实验参与者的特定反应结果，称为实验中的因变量（dependent variable）。自变量与因变量相互依存，自变量的选择与实验设计直接相关，因变量的选择直接影响实验结果的恰当性。

一、自变量

本书的实验设计中包括两个自变量：第一个自变量是风险信息披露内容，具体操控为两个水平——仅披露损失、同时披露损失和收益；第二个自变量是风险信息披露形式，具体操控为三个水平——无套期保值后的净风险信息、增加披露套期保值后的净风险信息、仅披露套期保值后的净风险信息。此外，实验设计中还包括两个控制条件组，分别是公司不进行套期保值情形下，仅披露损失和同时披露损失和收益两类情况。

（一）风险信息披露内容

SEC 发布的 FRR No. 48 中规定，公司需要提供给投资者关于公司可能面临的市场风险的前瞻性信息，要求必须包括对公司价值带来损失的风险信息，不强制要求披露能够提高公司收益的不确定性信息。虽然 SEC 规定要求公司仅需要披露与衍生金融工具相关的市场风险损失方面的信息，但一些公司也自愿披露了一些市场风险收益方面的信息。IASB 和我国的会计准则中要求，公司在报告期末应当对面临的每一类风险进行敏感性分析，说明相关市场变量在期末发生合理可能的变动时，公司可能遭受的收益和损失。基于 SEC 的监管要求，美国的大部分公司都仅披露市场风险损失方面的信息，但也有公司同时披露了对公司盈余损失和收益的双面影响。例如，AK 钢铁公司（AK Steel）在年报中披露，铁矿石价格变化 10% 和 25% 对公司税前收益负面影响的金额；但美国马拉松油品公司（Marathon Petroleum Corporation）在年报中披露了分别假设商品价格上升或下降 10%、25% 导致公司利润增加或减少的影响。使用国际会计准则的英国航空公司（British Airways）在关于金融工具的敏感性分析中披露燃油价格增加或减少 30% 对公司税前净利润的影响金额。我国的东方航空公司年报中金融风险项目中披露了如果原油价格上升 5% 或下降 5%，导致本公司持有的原油期权合约公允价值收益增加或减少的金额；中国石油化工集团有限公司（简称“中石化集团”）也披露了预计原油及成品油价格每桶上升或下降 10 美元，将导致集团本年度利润增加或减少的金额。

根据相关的监管规定及国内外上市公司的年报，我们在实验材料中操控了风险信息披露内容这一自变量。具体而言，对于仅披露损失条件组，实验材料的风险信息部分包括了导致公司利润总额减少的信息。具体而言，在“燃油价格波动风险”部分操控为“如果燃油市场价格上升 10%，将导致公司下一年利润总额减少 3.9 亿元，占利润总额的 56.92%”；在“用于套期保值的燃油期货合约风险”部分操控为“如果燃油市场价格下降 10%，燃油期货合约公允价值变动将导致公司下一年利润总额减少 3 亿元，占利润总额的43.80%”；在“套期保值（使用燃油期货合约）后燃油价格波动净风险”部分操控为“如果燃油市场价格上升10%，将导致公司下一年利润总额减少0.9亿元，占利润总额的13.12%”。对于同时披露损失和收益内容的条件组，同时包括了导致公司利润总额减少或增加的信息。在“燃油价格波动风险”部分操控为“如果燃油市场价格上升10%，将导致公司下一年利润总额减少3.9亿元，占利润总额的56.92%；如果燃油市场价格下降10%，将导致公司下一年利润总额增加3.9亿元，占利润总额的56.92%”。在“用于套期保值的燃油期货合约风险”部分操控为“如果燃油市场价格上升10%，燃油期货合约公允价值变动将导致公司下一年利润总额增加3亿元，占利润总额的43.80%；如果燃油市场价格下降10%，燃油期货合约公允价值变动将导致公司下一年利润总额减少3亿元，占利润总额的43.80%”。在“套期保值（使用燃油期货合约）后燃油价格波动净风险”部分操控为“如果燃油市场价格上升10%，将导致公司下一年利润总额减少0.9亿元，占利润总额的13.12%；如果燃油市场价格下降10%，将导致公司下一年利润总额增加0.9亿元，占利润总额的13.12%”。

同时，本书的实验设计中还包括两个控制条件组，在风险信息中描述了公司不进行套期保值情形下的“燃油价格波动风险”，两个条件组分别为仅披露损失、同时披露损失和收益条件组。具体而言，在仅披露利润损失的控制组中，“燃油价格波动风险”部分包括的信息为“如果燃油市场价格上升10%，将导致公司下一年利润总额减少3.9亿元，占利润总额的56.92%”；在同时披露损失和收益的控制组中，“燃油价格波动风险”部分包括的信息为“如果燃油市场价格上升10%，将导致公司下一年利润总额减少3.9亿元，占利润总额的56.92%；如果燃油市场价格下降10%，将导致公司下一年利润总额增加3.9亿元，占利润总额的56.92%”。

（二）风险信息披露形式

SEC发布的FRR No.48中要求，公司必须披露与衍生金融工具相关的市场风险方面的信息，并且鼓励公司披露与预期购买商品或存货销售相关的非衍生工具的定量分析结果。IASB 鼓励公司披露所面临的主要风险，以及披露风险导致的负面结果和创造的潜在机会。我国证监会要求上市公司在董事会报告中应当披露并分析各风险因素对公司经营业绩可能产生的不利影响。从风险信息披露要求中可以看出，这些规定不仅限于要求公司披露衍生金融工具的市场风险，同时也希望公司可以披露未进行套期情形下公司面临的相关风险信息。此外，我们通过查阅年报发现，一些公司也披露了套期保值后公司面临的净风险信息。例如，美国联合大陆航空公司（United Continental Holdings, Inc.）在年报的市场风险部分中，不仅披露了不考虑衍生金融工具影响情形下燃油价格增加或减少 20%、10% 对公司燃油成本的影响，并且也披露了燃油价格增加或减少 20%、10% 的套期保值收益或损失，同时还披露了燃油价格增加或减少 20%、10% 对燃油成本影响的净风险信息。另外，也有一些公司仅披露了套期保值后的净风险信息，比如，美国航空公司（American Airlines, Inc.）披露了在考虑持有的燃油套期保值工具的影响下，假定每加仑燃油成本增加 10% 所增加的航空燃油的费用。

根据上述相关监管规定及实务中公司年报的披露形式，我们在实验材料中操控了风险信息披露形式这一自变量。具体而言，对于没有套期保值后的净风险信息的条件组，实验材料风险信息部分没有包括“套期保值（使用燃油期货合约）后燃油价格波动净风险”内容。对于增加披露套期保值后净风险信息的条件组，实验材料的风险信息部分在对“燃油价格波动风险”“用于套期保值的燃油期货合约风险”描述后，进一步包括“套期保值（使用燃油期货合约）后燃油价格波动净风险”的描述，同时披露利润损益的信息内容被具体描述为“公司使用燃油期货合约对预期采购的燃油套期保值后，公司原有的燃油价格波动风险降低，利润总额的波动幅度减轻。根据前述第 1、2 部分的估计，在考虑公司持有的燃油期货合约的抵消作用后，燃油市场价格波动对公司下一年利润总额的净影响如下：如果燃油市场价格上升 10%，将导致公司下一年利润总额减少 0.9 亿元，占利润总额的 13.12%；如果燃油市场价格下降 10%，将导致公司下一年利润总额增加 0.9 亿元，占利润总额的 13.12%”，仅披露利润损失的信息内容描述中没有包括对利润增加的估计，即没有包括“如果燃油市场价格下降10%，将导致公司下一年利润总额增加0.9亿元，占利润总额的13.12%”这一信息，其他信息与同时披露损失和收益的信息内容情形一致。对于仅披露套期保值后的净风险信息的条件组，实验材料的风险信息部分则只包括“套期保值（使用燃油期货合约）后燃油价格波动净风险”的描述，没有包括对“燃油价格波动风险”“用于套期保值的燃油期货合约风险”的描述。

二、因变量

选择恰当的因变量对实验结果的观察至关重要，实验中应尽量选择那些对自变量的变化较为敏感的变量作为因变量，并尽量选取实验参与者所熟悉的变量作为因变量。在本书中，我们选择的因变量主要涉及投资者判断，包括个体投资者对公司投资风险判断和投资吸引力评价两方面。

本书选择个体投资者对投资风险判断作为因变量，主要是考虑到本书的主要研究问题是关于风险信息列示方面的，而公司年报中的风险信息涉及公司披露的预期对公司利润可能产生的影响，这些信息的披露内容、形式可能使投资者感知到投资于公司的整体风险是有差异的。同时，已有文献在考察公司披露的负面事项对投资者判断影响的研究中，也使用投资风险作为因变量，比如罗斯等（Rose et al.，2010）在考察内部控制重大缺陷存在的广泛性与解释的详细程度对投资者判断的影响时，实验中使用的因变量是判断公司未来股价下降的风险。库恩斯等（2005a；2005b）在考察衍生金融工具使用对投资者判断影响的研究中，因变量之一是要求投资者评价金融工具导致公司面临的风险程度。因此，我们在实验材料中询问实验参与者：“从整体来看，您认为投资于A公司的风险有多大?”请实验参与者在11分量表中做出回答，0代表“非常低”，10代表“非常高”。

本书选择的另一个因变量是投资者评价公司的投资吸引力。在实验中，我们要求实验参与者假定是一位潜在投资者的角色，尚未持有公司的股票，作为潜在的投资者查阅公司的相关信息，最主要的目的是作出投资决策，即决定是否进行投资。投资吸引力的评价代表了投资者对公司的投资意愿，投资者对公司的投资吸引力评价得越高，则表示投资者对公司的投资意愿越大，其在实际的经济活动中投资于公司股票的可能性越大。在已有的关于个体投资者投资判断的文献中（Koonce et al.，2010；Elliott et al.，2011；Tan and Koonce，2011），都使用投资吸引力作为因变量。在我们的实验材料中，我们请实验参与者回答关于投资吸引力的问题："请您评价 A 公司的投资吸引力如何?"实验参与者在 11 分量表中做出选择，0 表示"一点没有吸引力"，10 表示"非常有吸引力"。

另外，我们还请实验参与者回答了中介变量的相关问题，以用于检验投资者作出判断和决策的具体过程和机制。本书中涉及的中介变量分别为"燃油价格上升风险的担忧程度""净利润波动程度"。具体地，我们通过询问实验参与者"您对 A 公司面临的燃油价格上升的风险的担忧程度如何?""请您评价 A 公司未来的净利润波动程度如何?"来测度用于中介效应分析的中介变量，实验参与者在 11 分量表中做出回答，0 分别代表"一点不担忧""波动很小"，10 分别代表"非常担忧""波动很大"。

第五章

套期风险信息披露内容、形式对投资者判断影响的实验结果

本章通过对实验数据进行统计分析，检验被套期项目及其套期工具的风险信息披露内容、形式对投资者判断的影响。本章共分为四节：第一节对实验参与者的基本信息进行随机化检查，并根据实验参与者回答的操控性检验问题对实验中操控的变量进行操控检验；第二节根据收集的实验数据分别对提出的研究假设进行检验；第三节按照中介效应分析程序对投资者判断过程进行中介效应检验；第四节通过对实验数据的附加分析，进一步证实实验结果的稳健性，并排除其他影响因素可能对研究结果的解释。

第一节　随机化检查与操控检验

为保证观察到的实验结果仅是由实验操控的自变量引起的，实验者需要控制并排除额外因素对实验结果的影响。通常使用随机化检查和操控检验方法，通过统计检验来保证实验结果的恰当性，一方面可以排除实验参与者自身的一些特征因素对实验结果的影响，另一方面也可以通过了解实验参与者对实验中操控的自变量的感知程度，证实观测到的因变量结果确实是由自变量的操控引发的。

一、实验参与者分析

实验参与者的选择对实验的成败至关重要，实验参与者本身所固有的

一些特征可能影响其对实验的理解，我们在实验材料最后设计了针对实验参与者个人信息的调查问卷，包括个人的性别、年龄、工作年限、投资年限、对金融工具的熟悉程度、所学课程的数量等问题，我们将对实验参与者填写的基本信息进行深入的分析。

（一）实验参与者的性别、年龄和工作年限

参加本次实验的参与者共有 257 人，如表 5－1 所示，男性实验参与者为 110 名，占总体实验参与者的比例为 42.8%，女性实验参与者为 147 名，占总体实验参与者的比例为 57.2%，实验参与者中女性多于男性。

表 5－1　实验参与者性别的统计分析

实验参与者性别	人数	所占比例（%）
男	110	42.8
女	147	57.2
合计	257	100

资料来源：笔者整理。

参加本次实验的参与者年龄的描述性统计分析如表 5－2 所示，年龄最小的实验参与者为 25 岁，年龄最大的实验参与者为 45 岁，平均年龄为 28.5 岁，总体上本次实验的参与者比较年轻。

表 5－2　实验参与者年龄的描述性统计　单位：岁

	N	Minimum	Maximum	Mean	Std. Deviation
年龄	257	25	45	28.5	4.314

资料来源：笔者整理。

本次实验参与者的工作年限的描述性统计分析如表 5－3 所示，参加工作时间最短的实验参与者为 2.5 年，参加工作时间最长的实验参与者为 22.08 年，平均工作年限是 5.5 年。

表 5-3　　实验参与者工作年限的描述性统计　　单位：年

	N	Minimum	Maximum	Mean	Std. Deviation
工作年限	257	2.5	22.08	5.5	4.099

资料来源：笔者整理。

（二）实验参与者的投资经验

本书的主要研究问题是考察风险信息对个体投资者投资判断的影响，需要实验参与者在阅读相关的风险信息后作出自己的投资判断。因此，实验参与者需要具备一定的投资知识或投资经验，比较了解或关注证券市场的投资规律，否则实验参与者可能难以基于本次实验的相关资料作出风险判断和投资决策。

实验参与者投资状况的统计分析中显示，实验参与者中已经投资过股市的为 194 人，占总体实验参与者的 75.5%（见表 5-4）。实验参与者投资年限的描述性统计结果显示，投资过股市的实验参与者中，最短的投资年限为 0.5 年，最长的投资年限为 20 年，平均投资年限为 3.85 年（见表 5-5）。实验参与者未来投资意愿的统计结果显示，63 名目前没有投资于股市的实验参与者中，有 30 人未来准备投资股市，占 47.6%（见表 5-6）。总体而言，从统计结果中可以看出，目前已经投资于股市和未来准备投资股市的实验参与者共有 224 名，占实验参与者总体的比例为 87.2%，表明我们实验的参与者具有比较丰富的投资经验，所选择的实验参与者是较为恰当的。

表 5-4　　实验参与者投资状况的统计分析

实验参与者是否投资股市	人数	所占比例（%）
是	194	75.5
否	63	24.5
合计	257	100

资料来源：笔者整理。

表 5－5　　实验参与者投资年限的描述性统计　　单位：年

	N	Minimum	Maximum	Mean	Std. Deviation
投资年限	194	0.5	20	3.85	2.669

资料来源：笔者整理。

表 5－6　　实验参与者未来投资意愿的统计分析

实验参与者未来是否投资股市	人数	所占比例（%）
是	30	47.6
否	33	52.4
合计	63	100

资料来源：笔者整理。

（三）实验参与者的财务会计知识掌握程度

判断实验参与者作为个体投资者的合适替代的一个重要方面是实验参与者掌握财务会计知识的程度。表 5－7 中的描述性统计结果显示，实验参与者最少学习过 3 门财务和会计课程，最多学习过 13 门财务和会计课程，平均学习过的课程数量为 9.74 门，表明大部分实验参与者拥有一定程度的财务会计知识。

表 5－7　　实验参与者学习的财务和会计课程数量的描述性统计　　单位：门

	N	Minimum	Maximum	Mean	Std. Deviation
财务和会计课程	257	3	13	9.74	2.298

资料来源：笔者整理。

（四）实验参与者对衍生金融工具的熟悉程度

本次实验将衍生金融工具对燃油进行套期保值作为背景资料，实验参与者对衍生金融工具的熟悉程度一定程度上影响其投资判断的合理性。我们在个人信息问卷中询问了实验参与者“您对衍生金融工具的熟悉程度如何?”，请实验参与者在 11 分量表中做出回答。表 5－8 中的描述性统计结果显示，实验参与者对衍生金融工具熟悉的程度在 2 ~ 10，均值为 4.2，这一结果与金融工具相关的研究文献的统计结果是一致的（Chen et al.，2013；Koonce et al.，2005b），表明由于衍生金融工具业务的特殊性，实验参与者对这一业务表现出中等水平的熟悉程度。

表 5 – 8　　实验参与者对衍生金融工具熟悉程度的描述性统计

	N	Minimum	Maximum	Mean	Std. Deviation
衍生金融工具熟悉程度	257	2	10	4.2	1.709

资料来源：笔者整理。

二、随机化检查

根据实验设计，我们的实验共有 8 个处理组，分别为仅披露损失与无套期保值后净风险信息组（以下简称“损失—无净风险组”）、仅披露损失与增加套期保值后净风险信息组（以下简称“损失—增加净风险组”）、仅披露损失与仅有套期保值后净风险信息组（以下简称“损失—仅有净风险组”）、同时披露损失收益与无套期保值后净风险信息组（以下简称“损益—无净风险组”）、同时披露损失收益与增加套期保值后净风险信息组（以下简称“损益—增加净风险组”）、同时披露损失收益与仅有套期保值后净风险信息组（以下简称“损益—仅有净风险组”）、仅披露损失与控制组（以下简称“损失—控制组”）、同时披露损失收益与控制组（以下简称“损益—控制组”）。在实验过程中，我们通过随机化分组的方法，使实验参与者有均等的机会被分配到任一个处理组中。为使实验结果更为可靠，我们通过统计方法进一步对实验参与者的性别、年龄、工作年限、投资经验、学习的课程数量以及对衍生金融工具的熟悉程度等进行随机化检查，以确定不同的处理组之间的实验参与者是否存在显著的差异。

在以下的分析中，对分类型变量，比如性别、是否投资股市、是否准备投资股市等，我们采用卡方检验（Chi-square）进行随机化检验；对数值型变量，比如年龄、工作年限、投资年限、学习过的财务和会计课程数量、对衍生金融工具熟悉程度等，我们采用方差分析（ANOVA）进行随机化检验。

（一）实验参与者的性别、年龄和工作年限

实验参与者性别的卡方检验结果显示，不同处理组中实验参与者的性别分布状况基本是一致的，不存在显著差异（Chi - Square = 0.764，p = 0.998），表明从实验参与者性别比例的角度，我们成功地随机分配了实验参与者（见表5-9）。

表5-9　实验参与者性别的卡方检验结果

Variables	Value	df	Asymp. Sig.（2 - sided）
Pearson Chi - Square	0.764[a]	7	0.998
Likelihood Ratio	0.767	7	0.998
N of Valid Cases	257		

注：a. 0 cells（0.0%）have expected count less than 5. The minimum expected count is 13.27.
资料来源：笔者整理。

实验参与者年龄的方差分析结果显示，不同处理组中实验参与者的年龄分布较为一致，不存在显著差异（F = 0.422，p = 0.888），表明从实验参与者年龄的角度，我们成功地实现了对实验参与者的随机分配（见表5-10）。

表5-10　实验参与者年龄的方差分析结果

Variables	Sum of Squares	df	Mean Square	F	Sig.
Between Groups	55.827	7	7.975	0.422	0.888
Within Groups	4 708.422	249	18.909		
Total	4 764.249	256			

资料来源：笔者整理。

实验参与者工作年限的方差分析结果显示，不同处理组间实验参与者的工作年限大致相同，不存在显著差异（F = 0.427，p = 0.885），表明从

实验参与者工作年限的角度，我们成功地实现了对实验参与者的随机分配（见表5－11）。

表5－11　　实验参与者工作年限的方差分析结果

Variables	Sum of Squares	df	Mean Square	F	Sig.
Between Groups	50.988	7	7.284	0.427	0.885
Within Groups	4 251.226	249	17.073		
Total	4 302.215	256			

资料来源：笔者整理。

（二）实验参与者的投资经验

实验参与者投资股市状况的卡方检验结果显示，不同处理组的实验参与者投资股市的分布状况基本一致，不存在显著差异（Chi－Square = 2.508，p = 0.927），表明从实验参与者投资股市状况的角度，我们成功地随机分配了参加实验的参与者（见表5－12）。

表5－12　　实验参与者投资状况的卡方检验结果

Variables	Value	df	Asymp. Sig. （2－sided）
Pearson Chi－Square	2.508[a]	7	0.927
Likelihood Ratio	2.527	7	0.925
N of Valid Cases	257		

注：a. 0 cells （0.0%） have expected count less than 5. The minimum expected count is 7.60.
资料来源：笔者整理。

实验参与者投资年限的方差分析结果显示，不同处理组的实验参与者的投资年限基本一致，不存在显著差异（F = 0.690，p = 0.681），表明从实验参与者投资年限的角度，我们成功地实现了对实验参与者的随机分配（见表5－13）。

表 5－13　　实验参与者投资年限的方差分析结果

Variables	Sum of Squares	df	Mean Square	F	Sig.
Between Groups	34. 802	7	4. 972	0. 690	0. 681
Within Groups	1 340. 541	186	7. 207		
Total	1 375. 344	193			

资料来源：笔者整理。

实验参与者准备投资股市状况的卡方检验结果显示，不同处理组的实验参与者准备投资股市状况的分布情况基本一致，不存在显著差异（Chi－Square＝2. 323，p＝0. 940），表明从实验参与者未来准备投资股市状况角度，我们成功地随机分配了实验参与者（见表 5－14）。

表 5－14　　实验参与者未来投资状况的卡方检验结果

Variables	Value	df	Asymp. Sig. (2－sided)
Pearson Chi－Square	2. 323[a]	7	0. 940
Likelihood Ratio	2. 374	7	0. 936
N of Valid Cases	63		

注：a. 15 cells（93. 8%） have expected count less than 5. The minimum expected count is 2. 86.
资料来源：笔者整理。

（三）实验参与者的财务会计知识掌握程度

实验参与者学习过的财务和会计课程数量的方差分析结果显示，不同处理组的实验参与者学习过的财务和会计课程数量的均值基本相同，不存在显著差异（F＝0. 145，p＝0. 995），表明从实验参与者学习过的财务和会计课程数量的角度，我们成功地实现了对实验参与者的随机分配（见表 5－15）。

表 5－15　　实验参与者学习过的课程数量的方差分析结果

Variables	Sum of Squares	df	Mean Square	F	Sig.
Between Groups	5. 469	7	0. 781	0. 145	0. 995
Within Groups	1 346. 064	249	5. 406		
Total	1 351. 533	256			

资料来源：笔者整理。

（四）实验参与者对衍生金融工具的熟悉程度

实验参与者对衍生金融工具熟悉程度的方差分析结果显示，不同处理组的实验参与者对衍生金融工具熟悉程度的均值基本相同，不存在显著差异（$F = 0.025$，$p = 1.000$），表明从实验参与者对衍生金融工具熟悉程度的角度，我们成功地实现了对实验参与者的随机分配（见表 5－16）。

表 5－16　　实验参与者对衍生金融工具熟悉程度的方差分析结果

Variables	Sum of Squares	df	Mean Square	F	Sig.
Between Groups	0. 520	7	0. 074	0. 025	1. 000
Within Groups	746. 959	249	3. 000		
Total	747. 479	256			

资料来源：笔者整理。

基于以上对实验参与者性别、年龄、工作年限、投资经验、学习过的财务和会计课程数量、对衍生金融工具熟悉程度等随机化检查的统计检验结果，不同的处理组之间不存在显著差异。因此，总体而言，我们成功地对实验参与者进行了随机化分组，排除了相关的额外因素对实验结果的影响。

三、操控检验

操控检验（manipulation checks）用于检验实验参与者对实验材料中

相关线索感知的力度及方向是否与实验的处理一致（Trotman，1996）。在实验研究方法中，实验参与者只有正确地感知到操控的变量，或操控的变量对实验参与者产生了一定的刺激，才能保证实验结果的有效性，因而操控检验至关重要。通过操控检验的成功性，研究者可以确定实验参与者是否恰当地对实验中操控的自变量做出反应，以得出实验结果是否直接由操控的自变量引发的结论。为了检验实验中我们对自变量的操控是否成功，在实验材料中需要实验参与者回答的问题部分，我们询问了实验参与者 3 个问题，以检验实验参与者对风险信息披露内容、形式操控的理解情况。

（一）套期保值情况的操控检验

本书的实验设计中，8 个处理组包括了 6 个实验组和 2 个控制组。6 个实验组的实验材料中告知实验参与者，A 公司使用期货合约对预期购买的燃油进行套期保值，以规避燃油价格波动风险；2 个控制组中，实验材料中没有告知实验参与者 A 公司使用期货合约对预期购买的燃油进行套期保值。因此，为检验实验参与者能否正确地区分公司套期保值的情况，我们首先询问实验参与者："在本案例中，A 公司是否使用了燃油期货合约对燃油价格波动风险进行套期保值?"

关于是否进行套期保值问题的描述性统计分析显示，共有 10 人回答错误，实验参与者的总体回答正确率为 96. 11%，表明大多数实验参与者都做出了正确回答。其中，不进行套期保值控制组的实验参与者中，有 3 人回答错误，回答正确率为 95. 2%；进行套期保值实验组的实验参与者中，有 7 人回答错误，回答正确率为 96. 4%（见表 5 – 17）。库恩斯等（2014）在操控检验问题的分析中，对不同实验条件组的回答情况进行了卡方检验，我们也依此做了进一步分析。卡方检验结果显示，对是否进行套期保值的操控检验问题，根据实验操控情况的不同，不同处理组的实验参与者的回答有显著差异（Chi – Square = 206. 682，p < 0. 001），进一步表明我们对套期保值情况的操控是成功的（见表 5 – 18）。

表 5－17　是否进行套期保值的操控检验问题的描述性统计分析

处理组	是否使用期货合约进行套期保值		合计
	是	否	
	人数（比例）	人数（比例）	人数（比例）
不进行套期保值组	3（4.8%）	59（95.2%）	62（100%）
进行套期保值组	188（96.4%）	7（3.6%）	195（100%）
合计	191（74.3%）	66（25.7%）	257（100%）

资料来源：笔者整理。

表 5－18　是否进行套期保值的操控检验结果

Variables	Value	df	Asymp. Sig.（2－sided）
Pearson Chi－Square	206.682[a]	1	<0.001
Likelihood Ratio	208.474	1	<0.001
N of Valid Cases	257		

注：a. 0 cells（0.0%）have expected count less than 5. The minimum expected count is 15.92.
资料来源：笔者整理。

（二）风险信息披露形式的操控检验

在本书的实验设计中，我们操控的一个自变量是风险信息披露形式，分为三个水平：没有披露套期保值后的净风险信息、增加披露套期保值后的净风险信息和仅披露套期保值后的净风险信息。为检验这一自变量操控的有效性，我们在实验材料中询问实验参与者问题“（1）A公司是否使用期货合约进行套期保值的操控性检验”之后，继续询问了实验参与者问题“（2）如果您对（1）回答‘是’，请您回答，在本案例中A公司是否披露了燃油价格波动的净风险信息?”。控制组没有涉及套期保值后的净风险信息披露情形，控制组中的实验参与者应当对问题（2）不做回答；

实验组中的“增加披露套期保值后净风险信息”组和“仅披露套期保值后净风险信息”组，都包括了套期保值后净风险信息，实验参与者应当对问题（2）做出肯定的回答。

关于是否披露净风险信息问题的描述性统计分析结果显示，共有14人回答错误，实验参与者的总体回答正确率为94.55%，表明大多数实验参与者都做出了正确回答。其中，无净风险信息组的实验参与者中，有3人回答错误，62人回答正确，回答正确率为95.4%；有净风险信息组的实验参与者中，有5人回答错误，125人回答正确，回答正确率为96.2%；控制组中，有6人回答错误，56人回答正确，回答正确率为90.3%（见表5－19）。

表5－19　风险信息披露形式操控检验问题的描述性统计分析

处理组	是否披露净风险			合计
	是	否	无回答	
	人数（比例）	人数（比例）	人数（比例）	人数（比例）
无净风险信息组	3（4.6%）	62（95.4%）	0（0.0%）	65（100%）
有净风险信息组	125（96.2%）	5（3.8%）	0（0.0%）	130（100%）
控制组	6（9.7%）	0（0.0%）	56（90.3%）	62（100%）
合计	134（52.1%）	67（26.1%）	56（21.8%）	257（100%）

资料来源：笔者整理。

风险信息披露形式操控的卡方检验结果显示，对是否披露燃油价格波动净风险信息的操控检验问题，根据实验操控情况的不同，不同处理组的实验参与者的回答有显著差异（Chi－Square＝434.609，$p<0.001$），进一步表明我们对风险信息披露形式的操控是成功的（见表5－20）。

表 5-20　　风险信息披露形式的操控检验结果

Variables	Value	df	Asymp. Sig. (2-sided)
Pearson Chi-Square	434.609[a]	4	<0.001
Likelihood Ratio	419.212	4	<0.001
N of Valid Cases	257		

注：a. 0 cells (0.0%) have expected count less than 5. The minimum expected count is 13.51.
资料来源：笔者整理。

（三）风险信息披露内容的操控检验

在本书的实验设计中，我们操控的另一个自变量是风险信息披露内容，分为两个水平：仅披露损失、同时披露损失和收益。为检验这一自变量操控的有效性，我们在实验材料中询问实验参与者"在本案例中，A 公司是否披露了燃油价格波动 10% 导致利润总额增加的信息?"。关于是否披露利润总额增加信息的描述性统计分析结果显示，共有 24 人回答错误，实验参与者的总体回答正确率为 90.66%，表明大多数实验参与者都做出了正确回答。其中，仅披露损失组的实验参与者中，有 13 人回答错误，回答正确率为 89.8%；同时披露损失和收益组的实验参与者中，有 11 人回答错误，回答正确率为 91.5%（见表 5-21）。

表 5-21　　风险信息披露内容操控检验问题的描述性统计分析

处理组	是否披露利润增加的信息		合计
	是	否	
	人数 (比例)	人数 (比例)	人数 (比例)
仅披露损失组	13 (10.2%)	114 (89.8%)	127 (100%)
同时披露损失和收益组	119 (91.5%)	11 (8.5%)	130 (100%)
合计	132 (51.4%)	125 (48.6%)	257 (100%)

资料来源：笔者整理。

风险信息披露内容操控的卡方检验结果显示，对风险信息披露内容这一操控检验问题，根据实验操控情况的不同，不同处理组的实验参与者的回答有显著差异（Chi - Square = 169.981，p < 0.001），进一步表明我们对风险信息披露内容的操控是成功的（见表 5 - 22）。

表 5 - 22 风险信息披露内容的操控检验结果

Variables	Value	df	Asymp. Sig. （2 - sided）
Pearson Chi - Square	169.981[a]	1	< 0.001
Likelihood Ratio	196.832	1	< 0.001
N of Valid Cases	257		

注：a. 0 cells（0.0%） have expected count less than 5. The minimum expected count is 61.77.
资料来源：笔者整理。

根据上述三方面操控性检验问题的分析，总体上共有 24 名实验参与者没有做出正确的回答，表明这些实验参与者可能没有仔细阅读或未能理解实验资料中的信息。我们在后续的假设检验分析中发现，包括未通过操控性检验的实验参与者对因变量的回答而得到的实验结果，与去掉未通过操控性检验的实验参与者对因变量的回答而得到的实验结果，两者是一致的。因此，按照实验研究文献的惯例，在后续的假设检验结果分析中，我们包括了没有通过操控性检验的实验参与者对因变量的回答。

第二节 风险信息披露内容、形式对投资者判断影响的实验结果

基于本书的研究问题，首先，我们整体上检验被套期项目及其套期工具的风险信息披露内容、形式对投资者作出的投资判断的影响。然后，针对第三章提出的研究假设，具体检验研究假设的有效性。

一、风险信息披露内容、形式对投资者判断的总体影响

（一）风险信息披露内容、形式对投资者判断影响的整体比较

针对实验设计中的6个实验组，我们进行了2×3的方差分析。自变量分别为风险信息披露内容和风险信息披露形式，因变量为投资风险和投资吸引力。

表5-23中风险信息披露内容、形式对投资风险判断影响的描述性统计结果显示，不同的风险信息披露内容对投资者判断的投资风险的影响是有差异的，仅披露损失组中，实验参与者判断的投资风险的均值为5.45；同时披露损失和收益组中，实验参与者判断的投资风险的均值为4.51。不同的风险信息披露形式也不同程度地影响投资者判断的投资风险，无套期保值后的净风险信息披露时，实验参与者判断的投资风险最高，均值为5.32；其次是仅有套期保值后净风险信息的披露形式下，实验参与者判断的投资风险，均值为5.23；增加套期保值后净风险信息的披露的形式下，实验参与者判断的投资风险最低，均值为4.36。

表5-23　风险信息披露内容、形式对投资风险影响的描述性统计

风险信息披露内容	风险信息披露形式	N	Mean	Minimum	Maximum	Std. Deviation
仅披露损失	损失—无净风险	32	6.22	3	10	1.913
	损失—增加净风险	32	4.62	2	8	1.601
	损失—仅有净风险	32	5.50	2	9	1.814
	合计	96	5.45	2	10	1.880
同时披露损失和收益	损益—无净风险	33	4.45	2	8	1.502
	损益—增加净风险	34	4.12	0	7	1.737
	损益—仅有净风险	32	4.97	2	7	1.356
	合计	99	4.51	0	8	1.567

续表

风险信息披露内容	风险信息披露形式	N	Mean	Minimum	Maximum	Std. Deviation
合计	无净风险	65	5.32	2	10	1.921
	增加净风险	66	4.36	0	8	1.679
	仅有净风险	64	5.23	2	9	1.611
	合计	195	4.97	0	10	1.787

资料来源：笔者整理。

表5-24中风险信息披露内容、形式对投资风险判断的方差分析结果显示，风险信息披露内容的主效应是显著的（$F=15.350$，$p<0.001$），风险信息披露形式的主效应是显著的（$F=6.647$，$p=0.002$），风险信息披露内容与风险信息披露形式的交互效应也是显著的（$F=3.031$，$p=0.051$）。

表5-24　风险信息披露内容、形式对投资风险影响的方差分析

Source	Type Ⅲ Sum of Squares	df	Mean Square	F	Sig.
Corrected Model	96.167[a]	5	19.233	6.942	<0.001
Intercept	4 834.994	1	4 834.994	1 745.089	<0.001
风险信息披露内容	42.529	1	42.529	15.350	<0.001
风险信息披露形式	36.834	2	18.417	6.647	0.002
风险信息披露内容×风险信息披露形式	16.794	2	8.397	3.031	0.051
Error	523.649	189	2.771		
Total	5 435.000	195			
Corrected Total	619.815	194			

注：a. R Squared = 0.155（Adjusted R Squared = 0.133）。
资料来源：笔者整理。

同时，从图 5 -1 中还可以直观地看出，相对于仅披露损失风险信息内容，同时披露损失和收益的风险信息内容下，增加净风险信息披露形式组中实验参与者判断的投资风险最低。

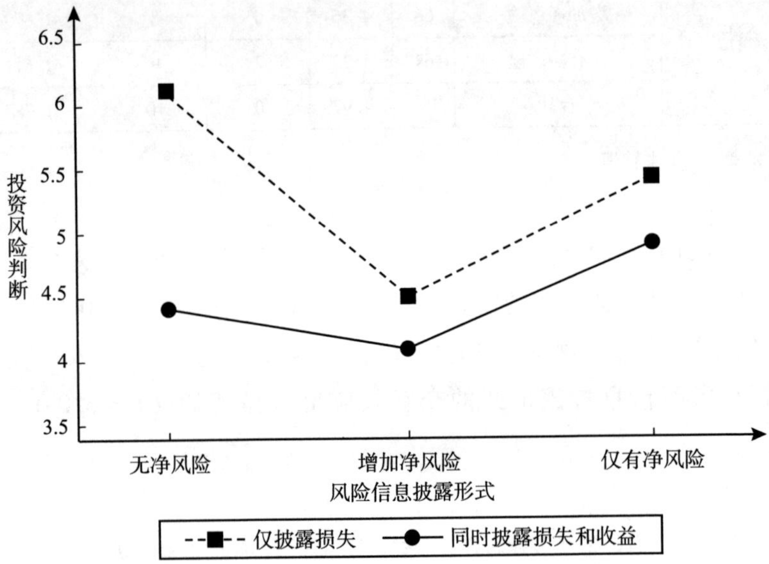

图 5 -1　风险信息披露内容、形式对投资风险判断的影响

资料来源：笔者整理。

因变量为投资吸引力时，风险信息披露内容、形式对投资吸引力评价影响的描述性统计结果显示，不同的风险信息披露内容对投资者评价的投资吸引力的影响是有差异的，仅披露损失组中，实验参与者评价的投资吸引力的均值为 5. 00；同时披露损失和收益组中，实验参与者评价的投资吸引力的均值为 5. 87。不同的风险信息披露形式也不同程度地影响投资者评价的投资吸引力，无套期保值后的净风险信息披露形式下，实验参与者评价的投资吸引力最低，均值为 5. 15；其次是仅有套期保值后的净风险披露形式下，投资者评价的投资吸引力的均值为 5. 19；增加套期保值后的净风险信息披露形式下，实验参与者评价的投资吸引力最高，均值为 5. 97（见表 5 -25）。风险信息披露内容、形式对投资吸引力评价的方差分析结果显示，风险信息披露内容的主效应是显著的（$F = 15.580$，$p < 0.001$），

风险信息披露形式的主效应是显著的（F = 6.013，p = 0.003），风险信息披露内容与风险信息披露形式的交互效应也是显著的（F = 2.866，p = 0.059）（见表5－26）。同时，从图5－2中还可以直观地看出，相对于仅披露损失的风险信息内容，同时披露损失和收益的风险信息内容下，增加净风险信息披露形式组中实验参与者评价的投资吸引力最高。

表5－25　风险信息披露内容、形式对投资吸引力影响的描述性统计

风险信息披露内容	风险信息披露形式	N	Mean	Minimum	Maximum	Std. Deviation
仅披露损失	损失—无净风险	32	4.34	1	7	1.638
	损失—增加净风险	32	5.75	3	8	1.459
	损失—仅有净风险	32	4.91	2	9	1.729
	合计	96	5.00	1	9	1.698
同时披露损失和收益	损益—无净风险	33	5.94	3	9	1.368
	损益—增加净风险	34	6.18	3	9	1.445
	损益—仅有净风险	32	5.47	3	9	1.481
	合计	99	5.87	3	9	1.447
合计	无净风险	65	5.15	1	9	1.698
	增加净风险	66	5.97	3	9	1.457
	仅有净风险	64	5.19	2	9	1.622
	合计	195	5.44	1	9	1.631

资料来源：笔者整理。

表5－26　风险信息披露内容、形式对投资吸引力影响的方差分析

Source	Type Ⅲ Sum of Squares	df	Mean Square	F	Sig.
Corrected Model	77.346[a]	5	15.469	6.664	<0.001
Intercept	5 748.089	1	5 748.089	2 476.234	<0.001
风险信息披露内容	36.165	1	36.165	15.580	<0.001
风险信息披露形式	27.915	2	13.957	6.013	0.003

续表

Source	Type Ⅲ Sum of Squares	df	Mean Square	F	Sig.
风险信息披露内容×风险信息披露形式	13.306	2	6.653	2.866	0.059
Error	438.726	189	2.321		
Total	6 289.000	195			
Corrected Total	516.072	194			

注：a. R Squared = 0.150（Adjusted R Squared = 0.127）。
资料来源：笔者整理。

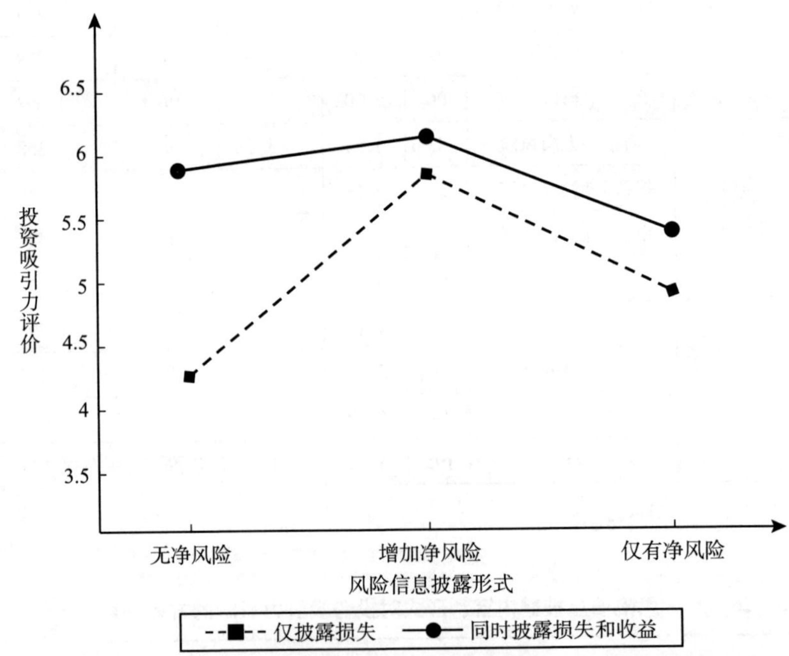

图5-2 风险信息披露内容、形式对投资吸引力评价的影响

资料来源：笔者整理。

(二) 无净风险信息披露与不进行套期保值情形的整体比较

根据第三章的理论分析，我们在 H1a 和 H3a 中，分别提出了进行套期保值时没有披露套期保值后净风险信息组与不进行套期保值的控制组相关的预期。其中，H1a 预期不进行套期保值且对燃油价格波动风险仅披露损失信息，与进行套期保值且对燃油（被套期项目）价格波动风险及其套期保值工具风险仅披露损失信息两种情况下，投资者判断的投资风险和评价的投资吸引力均没有显著差异；H3a 预期与不进行套期保值且对燃油价格波动风险同时披露损失和收益信息的情况相比，在进行套期保值且对燃油（被套期项目）价格波动风险及其套期保值工具风险同时披露损失和收益信息的情况下，投资者判断的投资风险更低、评价的投资吸引力更高。具体到本书的实验设计中，为检验 H1a 和 H3a，我们首先进行了 2×2 的方差分析，整体上比较无净风险组与控制组的实验参与者的回答情况。

表 5－27 的描述性统计分析结果显示，仅披露损失情形下，无净风险组的实验参与者对投资风险判断的均值与控制组的实验参与者对投资风险判断的均值分别为 6.22 和 6.32；同时披露损失和收益情形下，无净风险组与控制组的实验参与者对投资风险判断的均值分别为 4.45 和 5.71。表 5－28 的方差分析结果显示，风险信息披露内容的主效应是显著的（$F = 14.327$，$p < 0.001$），风险信息披露形式的主效应也是显著的（$F = 4.682$，$p = 0.032$），风险信息披露内容与风险信息披露形式的交互效应是显著的（$F = 3.361$，$p = 0.069$）。

表 5－27　　无净风险组与控制组投资风险判断的描述性统计分析

风险信息披露内容	风险信息披露形式	N	Mean	Minimum	Maximum	Std. Deviation
仅披露损失	无净风险组	32	6.22	3	10	1.913
	控制组	31	6.32	3	9	1.701
	合计	63	6.27	3	10	1.798
同时披露损失和收益	无净风险组	33	4.45	2	8	1.502
	控制组	31	5.71	2	10	1.936
	合计	64	5.06	2	10	1.825

续表

风险信息披露内容	风险信息披露形式	N	Mean	Minimum	Maximum	Std. Deviation
合计	无净风险组	65	5.32	2	10	1.921
	控制组	62	6.02	2	10	1.833
	合计	127	5.66	2	10	1.903

资料来源：笔者整理。

表 5－28　　无净风险组与控制组投资风险判断的方差分析

Source	Type Ⅲ Sum of Squares	df	Mean Square	F	Sig.
Corrected Model	71.629[a]	3	23.876	7.632	<0.001
Intercept	4 089.360	1	4 089.360	1 307.110	<0.001
风险信息披露内容	44.822	1	44.822	14.327	<0.001
风险信息披露形式	14.649	1	14.649	4.682	0.032
风险信息披露内容×风险信息披露形式	10.514	1	10.514	3.361	0.069
Error	384.812	123	3.129		
Total	4 527.000	127			
Corrected Total	456.441	126			

注：a. R Squared＝0.157（Adjusted R Squared＝0.136）。
资料来源：笔者整理。

表 5－29 中简单主效应分析、图 5－3 结果显示，仅披露损失情形下，无净风险组与控制组的实验参与者作出的投资风险判断没有显著差异（F＝0.054，p＝0.816）；但同时披露损失和收益信息情形下，无净风险信息组与控制组的实验参与者对投资风险的判断有显著差异（F＝8.049，p＝0.005），上述结果初步支持了 H1a 和 H3a。

表 5-29　无净风险组与控制组投资风险判断的简单主效应分析

风险信息披露内容		Sum of Squares	df	Mean Square	F	Sig.
仅披露损失	Contrast	0. 170	1	0. 170	0. 054	0. 816
	Error	384. 812	123	3. 129		
同时披露损失和收益	Contrast	25. 181	1	25. 181	8. 049	0. 005
	Error	384. 812	123	3. 129		

资料来源：笔者整理。

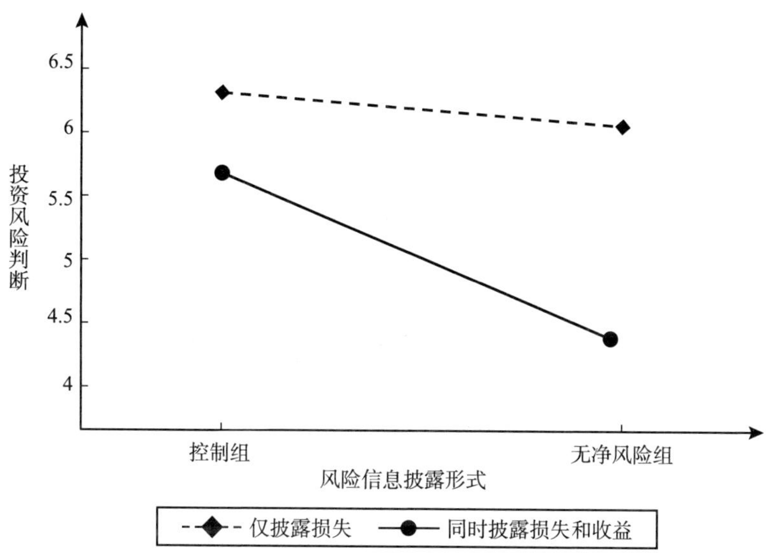

图 5-3　无净风险组与控制组投资风险判断的比较

资料来源：笔者整理。

表 5-30 的描述性统计分析结果显示，仅披露损失情形下，无净风险组与控制组对投资吸引力评价的均值分别为 4. 34 和 4. 29；在同时披露损失和收益情形下，无净风险组与控制组对投资吸引力评价的均值分别为 5. 94 和 4. 84。表 5-31 中因变量投资吸引力的方差分析结果显示，风险信息披露内容主效应显著（F = 15. 590，p < 0. 001），风险信息披露形式主效应显著（F = 4. 517，p = 0. 036），风险信息披露内容与风险信息披露形

式的交互效应是显著的（F = 3.720，p = 0.056）。

表 5－30　无净风险组与控制组投资吸引力评价的描述性统计

风险信息披露内容	风险信息披露形式	N	Mean	Minimum	Maximum	Std. Deviation
仅披露损失	无净风险组	32	4.34	1	7	1.638
	控制组	31	4.29	0	7	1.657
	合计	63	4.32	0	7	1.635
同时披露损失和收益	无净风险组	33	5.94	3	9	1.368
	控制组	31	4.84	1	8	1.440
	合计	64	5.41	1	9	1.498
合计	无净风险组	65	5.15	1	9	1.698
	控制组	62	4.56	0	8	1.564
	合计	127	4.87	0	9	1.654

资料来源：笔者整理。

表 5－31　无净风险组与控制组投资吸引力评价的方差分析

Source	Type Ⅲ Sum of Squares	df	Mean Square	F	Sig.
Corrected Model	57.046[a]	3	19.015	8.130	<0.001
Intercept	2 989.094	1	2 989.094	1 278.020	<0.001
风险信息披露内容	36.463	1	36.463	15.590	<0.001
风险信息披露形式	10.565	1	10.565	4.517	0.036
风险信息披露内容 × 风险信息披露形式	8.700	1	8.700	3.720	0.056
Error	287.678	123	2.339		
Total	3 352.000	127			
Corrected Total	344.724	126			

注：a. R Squared = 0.165（Adjusted R Squared = 0.145）。
资料来源：笔者整理。

表5－32中简单主效应分析、图5－4结果显示，仅披露损失情形下，无净风险组与控制组的实验参与者作出的投资吸引力评价没有显著差异（F＝0.019，p＝0.890）；但在同时披露损失和收益情形下，无净风险组与控制组的实验参与者对投资吸引力的评价有显著差异（F＝8.280，p＝0.005），上述结果初步支持了H1a和H3a。

表5－32　无净风险组与控制组投资吸引力评价的简单主效应分析

风险信息披露内容		Sum of Squares	df	Mean Square	F	Sig.
仅披露损失	Contrast	0.045	1	0.045	0.019	0.890
	Error	287.678	123	2.339		
同时披露损失和收益	Contrast	19.365	1	19.365	8.280	0.005
	Error	287.678	123	2.339		

资料来源：笔者整理。

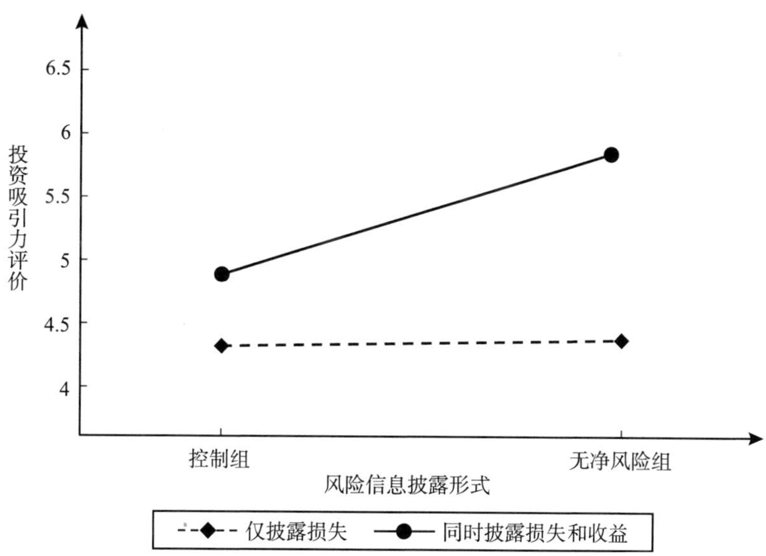

图5－4　无净风险组与控制组投资吸引力评价的比较

资料来源：笔者整理。

(三) 无净风险信息披露与增加净风险信息披露的整体比较

H1b 和 H3b 提出了没有披露套期保值后的净风险信息与增加披露套期保值后净风险信息的相关预期。H1b 预期，与对燃油（被套期项目）价格波动风险及其套期保值工具风险仅披露损失信息的情况相比，在此基础上增加披露套期保值后净风险的损失信息时，个体投资者判断的投资风险更低、评价的投资吸引力更高；H3b 预期在对燃油（被套期项目）价格波动风险及其套期保值工具风险同时披露损失和收益信息的情况下，无论是否增加披露套期保值后净风险的损益信息，投资者判断的投资风险和投资吸引力均没有显著差异。我们首先进行了 2×2 的方差分析，整体上对无净风险组与增加净风险组实验参与者的回答情况进行比较。

表 5-33 的描述性统计结果显示，仅披露损失情形下，无净风险组与增加净风险组的实验参与者作出的投资风险判断的均值分别为 6.22 和 4.62；在同时披露损失和收益的情形下，无净风险组与增加净风险组的实验参与者作出的投资风险判断的均值分别为 4.45 和 4.12。表 5-34 中因变量为投资风险判断的方差分析结果显示，风险信息披露内容的主效应是显著的（$F=14.703$，$p<0.001$），风险信息披露形式的主效应也是显著的（$F=10.621$，$p=0.001$），风险信息披露内容与风险信息披露形式的交互效应是显著的（$F=4.501$，$p=0.036$）。

表 5-33　无净风险组与增加净风险组投资风险判断的描述性统计

风险信息披露内容	风险信息披露形式	N	Mean	Minimum	Maximum	Std. Deviation
仅披露损失	无净风险	32	6.22	3	10	1.913
	增加净风险	32	4.62	2	8	1.601
	合计	64	5.42	2	10	1.926
同时披露损失和收益	无净风险	33	4.45	2	8	1.502
	增加净风险	34	4.12	0	7	1.737
	合计	67	4.28	0	8	1.622

续表

风险信息披露内容	风险信息披露形式	N	Mean	Minimum	Maximum	Std. Deviation
合计	无净风险	65	5.32	2	10	1.921
	增加净风险	66	4.36	0	8	1.679
	合计	131	4.84	0	10	1.860

资料来源：笔者整理。

表5－34　无净风险组与增加净风险组投资风险判断的方差分析

Source	Type Ⅲ Sum of Squares	df	Mean Square	F	Sig.
Corrected Model	84.954[a]	3	28.318	9.862	<0.001
Intercept	3 084.560	1	3 084.560	1 074.200	<0.001
风险信息披露内容	42.221	1	42.221	14.703	<0.001
风险信息披露形式	30.499	1	30.499	10.621	0.001
风险信息披露内容×风险信息披露形式	12.925	1	12.925	4.501	0.036
Error	364.680	127	2.871		
Total	3 518.000	131			
Corrected Total	449.634	130			

注：a. R Squared = 0.189（Adjusted R Squared = 0.170）。
资料来源：笔者整理。

表5－35中的简单主效应分析以及图5－5结果显示，仅披露损失情形下，无净风险组与增加净风险组的实验参与者对投资风险的判断有显著差异（$F = 14.153$，$p < 0.001$）；但在同时披露损失和收益的情形下，无净风险组与增加净风险组的实验参与者作出的投资风险判断没有显著差异（$F = 0.662$，$p = 0.417$），上述结果初步支持了H1b和H3b。

表 5-35　无净风险组与增加净风险组投资风险判断的简单主效应分析

风险信息披露内容		Sum of Squares	df	Mean Square	F	Sig.
仅披露损失	Contrast	40.641	1	40.641	14.153	<0.001
	Error	364.680	127	2.871		
同时披露损失和收益	Contrast	1.901	1	1.901	0.662	0.417
	Error	364.680	127	2.871		

资料来源：笔者整理。

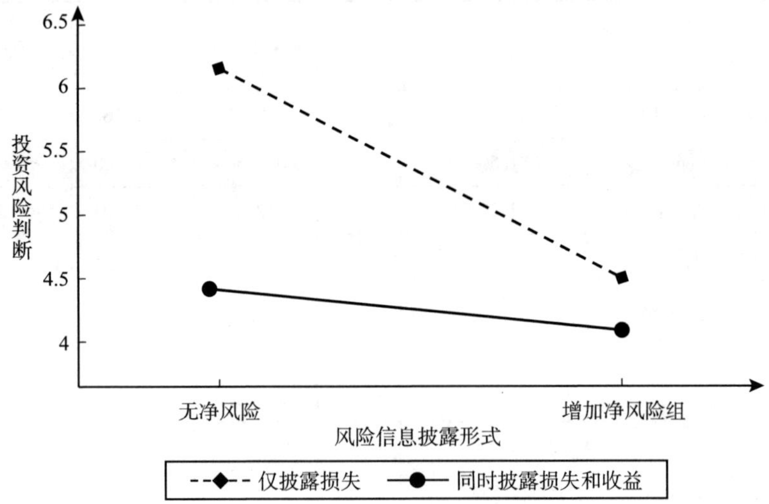

图 5-5　无净风险组与增加净风险组投资风险判断的比较

资料来源：笔者整理。

表 5-36 的描述性统计分析结果显示，仅披露损失情形下，无套期保值后净风险组的实验参与者对投资吸引力评价的均值，低于增加套期保值后净风险组的实验参与者对投资吸引力评价的均值，分别为 4.34 和 5.75；在同时披露损失和收益的情形下，无净风险信息组的实验参与者对投资吸引力评价的均值为 5.94，增加净风险组的实验参与者对投资吸引力评价的均值为 6.18。表 5-37 中因变量投资吸引力评价的方差分析结果显示，风险信息披露内容的主效应是显著的（$F=15.282$，$p<0.001$），风险信息披

露形式的主效应也是显著的（F = 10.093，p = 0.002），风险信息披露内容与风险信息披露形式的交互效应是显著的（F = 5.109，p = 0.026）。

表 5 – 36　无净风险组与增加净风险组投资吸引力评价的描述性统计

风险信息披露内容	风险信息披露形式	N	Mean	Minimum	Maximum	Std. Deviation
仅披露损失	无净风险	32	4.34	1	7	1.638
	增加净风险	32	5.75	3	8	1.459
	合计	64	5.05	1	8	1.694
同时披露损失和收益	无净风险	33	5.94	3	9	1.368
	增加净风险	34	6.18	3	9	1.445
	合计	67	6.06	3	9	1.402
合计	无净风险	65	5.15	1	9	1.698
	增加净风险	66	5.97	3	9	1.457
	合计	131	5.56	1	9	1.627

资料来源：笔者整理。

表 5 – 37　无净风险组与增加净风险组投资吸引力评价的方差分析

Source	Type Ⅲ Sum of Squares	df	Mean Square	F	Sig.
Corrected Model	66.160[a]	3	22.053	10.073	<0.001
Intercept	4 036.066	1	4 036.066	1 843.558	<0.001
风险信息披露内容	33.457	1	33.457	15.282	<0.001
风险信息披露形式	22.097	1	22.097	10.093	0.002
风险信息披露内容 × 风险信息披露形式	11.185	1	11.185	5.109	0.026
Error	278.039	127	2.189		
Total	4 401.000	131			
Corrected Total	344.198	130			

注：a. R Squared = 0.192（Adjusted R Squared = 0.173）。
资料来源：笔者整理。

表 5 - 38 中的简单主效应分析以及图 5 - 6 结果显示，仅披露损失情形下，无净风险组与增加净风险组的实验参与者作出的投资吸引力评价有显著差异（$F = 14.453$，$p < 0.001$）；但在同时披露损失和收益的情形下，无净风险组与增加净风险组的实验参与者对投资吸引力的评价没有显著差异（$F = 0.430$，$p = 0.513$），上述结果初步证实了 H1b 和 H3b。

表 5 - 38　无净风险组与增加净风险组投资吸引力评价的简单主效应分析

风险信息披露内容		Sum of Squares	df	Mean Square	F	Sig.
仅披露损失	Contrast	31.641	1	31.641	14.453	<0.001
	Error	278.039	127	2.189		
同时披露损失和收益	Contrast	0.941	1	0.941	0.430	0.513
	Error	278.039	127	2.189		

资料来源：笔者整理。

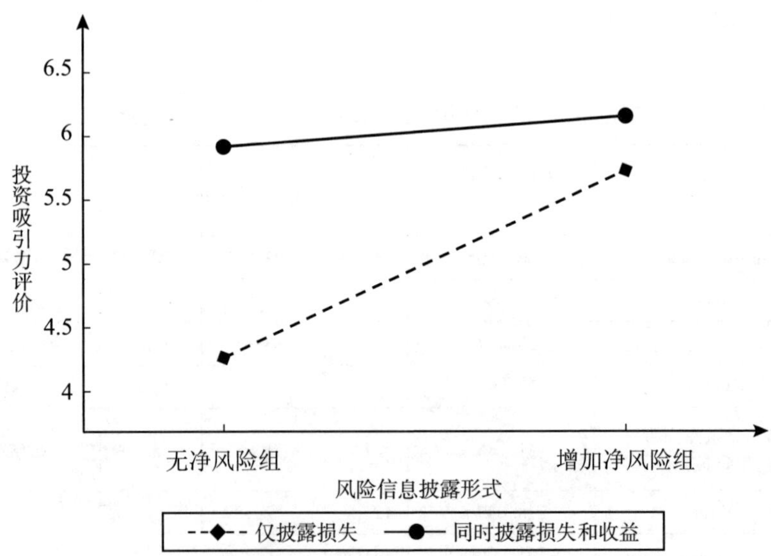

图 5 - 6　无净风险组与增加净风险组投资吸引力评价的比较

资料来源：笔者整理。

（四）增加净风险信息披露与仅有净风险信息披露的整体比较

H1c、H3c 分别提出了增加套期保值后的净风险信息披露与仅披露套期保值后的净风险信息相关的预期。其中，H1c 预期与对燃油（被套期项目）价格波动风险及其套期保值工具风险仅披露损失信息且增加披露套期保值后净风险损失信息的情况相比，仅披露套期保值后净风险的损失信息时，投资者判断的投资风险更高、评价的投资吸引力更低；H3c 预期与对燃油（被套期项目）价格波动风险及其套期保值工具风险同时披露损失和收益信息且增加披露套期保值后的净风险损益信息的情况相比，仅披露套期保值后净风险的损益信息时，投资者判断的投资风险更高、评价的投资吸引力更低。我们首先进行了 2×2 的方差分析，从整体上对增加净风险组与仅有净风险组实验参与者的回答情况进行比较。

表 5－39 描述性统计分析结果和图 5－7 结果显示，仅披露损失信息时，仅披露套期保值后净风险信息组的实验参与者判断的投资风险的均值为 5.50，增加披露套期保值后净风险信息组的实验参与者判断的投资风险的均值为 4.62；同时披露损失和收益信息时，仅披露套期保值后净风险信息组的实验参与者判断的投资风险的均值为 4.97，增加披露套期保值后净风险信息组的实验参与者判断的投资风险的均值为 4.12，表明仅披露净风险组的实验参与者对投资风险判断的均值都显著高于增加净风险组的实验参与者对投资风险判断的均值。表 5－40 的因变量投资风险判断的方差分析结果显示，在风险信息披露形式分为增加披露套期保值后净风险信息和仅披露套期保值后净风险信息两种情形时，风险信息披露内容的主效应是显著的（$F = 3.265$，$p = 0.073$），风险信息披露形式的主效应也是显著的（$F = 9.018$，$p = 0.003$），风险信息披露内容与风险信息披露形式的交互效应不显著（$F = 0.002$，$p = 0.967$）。上述结果初步支持了 H1c 和 H3c。

表 5-39　增加净风险组与仅有净风险组投资风险判断的描述性统计

风险信息披露内容	风险信息披露形式	N	Mean	Minimum	Maximum	Std. Deviation
仅披露损失	增加净风险	32	4.62	2	8	1.601
	仅有净风险	32	5.50	2	9	1.814
	合计	64	5.06	2	9	1.754
同时披露损失和收益	增加净风险	34	4.12	0	7	1.737
	仅有净风险	32	4.97	2	7	1.356
	合计	66	4.53	0	7	1.610
合计	增加净风险	66	4.36	0	8	1.679
	仅有净风险	64	5.23	2	9	1.611
	合计	130	4.79	0	9	1.697

资料来源：笔者整理。

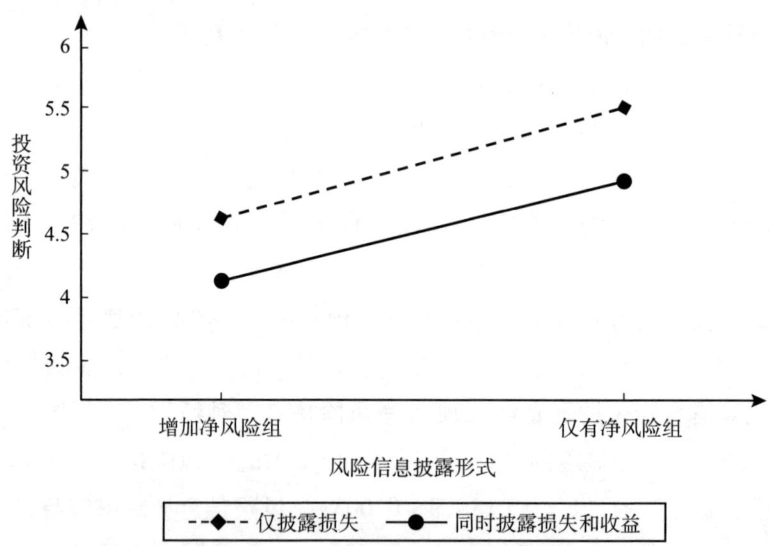

图 5-7　增加净风险组与仅有净风险组投资风险判断的比较

资料来源：笔者整理。

表 5-40　增加净风险组与仅有净风险组投资风险判断的方差分析

Source	Type Ⅲ Sum of Squares	df	Mean Square	F	Sig.
Corrected Model	33.394[a]	3	11.131	4.150	0.008
Intercept	2 996.691	1	2 996.691	1 117.116	<0.001
风险信息披露内容	8.758	1	8.758	3.265	0.073
风险信息披露形式	24.191	1	24.191	9.018	0.003
风险信息披露内容×风险信息披露形式	0.005	1	0.005	0.002	0.967
Error	337.998	126	2.683		
Total	3 357.000	130			
Corrected Total	371.392	129			

注：a. R Squared = 0.090（Adjusted R Squared = 0.068）。
资料来源：笔者整理。

表 5-41 的描述性统计分析结果和图 5-8 结果显示，无论是仅披露损失情形下，还是同时披露损失和收益情形下，仅披露套期保值后净风险信息组实验参与者对投资吸引力评价的均值（4.91、5.47），显著低于增加套期保值后净风险组的实验参与者对投资吸引力评价的均值（5.75、6.18）。表 5-42 中因变量投资吸引力评价的方差分析结果显示，在风险信息披露形式分为增加套期保值后净风险信息和仅披露套期保值后净风险信息两种情形时，风险信息披露内容的主效应是显著的（F=3.385，p=0.068），风险信息披露形式的主效应也是显著的（F=8.330，p=0.005），风险信息披露内容与风险信息披露形式的交互效应不显著（F=0.064，p=0.801）。上述结果初步支持了 H1c 和 H3c。

表5-41　增加净风险组与仅有净风险组投资吸引力评价的描述性统计

风险信息披露内容	风险信息披露形式	N	Mean	Minimum	Maximum	Std. Deviation
仅披露损失	增加净风险	32	5.75	3	8	1.459
	仅有净风险	32	4.91	2	9	1.729
	合计	64	5.33	2	9	1.643
同时披露损失和收益	增加净风险	34	6.18	3	9	1.445
	仅有净风险	32	5.47	3	9	1.481
	合计	66	5.83	3	9	1.494
合计	增加净风险	66	5.97	3	9	1.457
	仅有净风险	64	5.19	2	9	1.622
	合计	130	5.58	2	9	1.584

资料来源：笔者整理。

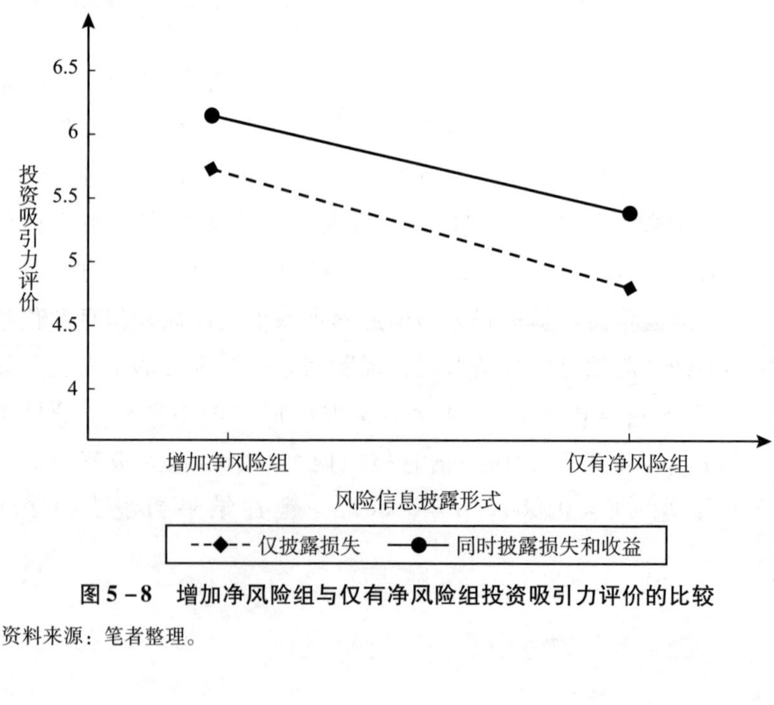

图5-8　增加净风险组与仅有净风险组投资吸引力评价的比较

资料来源：笔者整理。

表 5-42　增加净风险组与仅有净风险组投资吸引力评价的方差分析

Source	Type Ⅲ Sum of Squares	df	Mean Square	F	Sig.
Corrected Model	27.941[a]	3	9.314	3.970	0.010
Intercept	4 038.230	1	4 038.230	1 721.136	<0.001
风险信息披露内容	7.941	1	7.941	3.385	0.068
风险信息披露形式	19.544	1	19.544	8.330	0.005
风险信息披露内容×风险信息披露形式	0.150	1	0.150	0.064	0.801
Error	295.629	126	2.346		
Total	4 378.000	130			
Corrected Total	323.569	129			

注：a. R Squared = 0.086（Adjusted R Squared = 0.065）。
资料来源：笔者整理。

二、仅披露损失信息、净风险信息披露对投资者判断的影响

针对本书提出的研究假设，在上述整体分析的基础上，我们在以下部分进一步具体地对研究假设做出检验。

（一）损失风险信息披露对投资者判断的影响

根据第三章的理论分析，H1a 预期不进行套期保值且对燃油价格波动风险仅披露损失信息，与进行套期保值且对燃油（被套期项目）价格波动风险及其套期保值工具风险仅披露损失信息，两种情况下，投资者判断的投资风险和评价的投资吸引力均没有显著差异。在本书的实验设计中，我们包括的两个控制组中，实验材料中没有涉及公司进行套期保值方面的描述，因此，为检验 H1a，需要比较损失—控制组与损失—无净风险组的实验参与者作出的投资判断差异。

投资风险判断的描述性统计分析显示，损失—控制组的实验参与者作出的投资风险判断为 6.32，损失—无净风险组的实验参与者作出的投资风

险判断为6.22（见表5-43）。表5-44的t检验结果显示，损失—控制组与损失—无净风险组的实验参与者作出的投资风险判断没有显著差异（t=0.227，p=0.821），H1a得到支持。

表5-43　损失—无净风险组与损失—控制组投资风险判断的描述性统计

处理组	N	Mean	Minimum	Maximum	Std. Deviation
损失—控制组	31	6.32	3	9	1.701
损失—无净风险组	32	6.22	3	10	1.913
合计	63	6.27	3	10	1.798

资料来源：笔者整理。

表5-44　损失—无净风险组与损失—控制组投资风险判断比较t检验结果

因变量	Mean Difference	Std. Error Difference	95% Confidence Interval of the Difference		t	df	Sig. (2-tailed)
			Lower	Upper			
投资风险判断	0.104	0.457	-0.809	1.017	0.227	61	0.821

资料来源：笔者整理。

投资吸引力评价的描述性统计分析显示，损失—控制组和损失—无净风险组的实验参与者作出的投资吸引力评价分别为4.29和4.34（见表5-45）；表5-46的t检验结果显示，两个组的实验参与者作出的投资吸引力评价没有显著差异（t=-0.129，p=0.898），H1a得到支持。

表5-45　损失—无净风险组与损失—控制组投资吸引力评价的描述性统计

处理组	N	Mean	Minimum	Maximum	Std. Deviation
损失—控制组	31	4.29	0	7	1.657
损失—无净风险组	32	4.34	1	7	1.638
合计	63	4.32	0	7	1.635

资料来源：笔者整理。

表 5－46　损失—无净风险组与损失—控制组投资吸引力评价比较 t 检验结果

因变量	Mean Difference	Std. Error Difference	95% Confidence Interval of the Difference		t	df	Sig. (2－tailed)
			Lower	Upper			
投资吸引力	－0.053	0.415	－0.884	0.777	－0.129	61	0.898

资料来源：笔者整理。

上述结果表明，对燃油价格波动风险及其套期保值工具风险仅披露损失信息情形下，投资者未能感知到套期保值带来的风险降低，对进行套期保值的公司没有给予较高的投资评价，说明损失—无净风险信息披露情形导致投资者作出了不太恰当的投资判断。

（二）增加净风险信息披露对投资者判断的影响

H1b 预期与对燃油（被套期项目）价格波动风险及其套期保值工具风险仅披露损失信息的情况相比，在此基础上增加披露套期保值后净风险的损失信息时，个体投资者判断的投资风险更低、评价的投资吸引力更高。为检验 H1b，我们比较了损失—无净风险组与损失—增加净风险组的实验参与者作出的投资判断的差异。投资风险判断的描述性统计分析结果显示，损失—无净风险组和损失—增加净风险组的实验参与者作出的投资风险判断分别为 6.22 和 4.62（见表 5－47）；表 5－48 的 t 检验结果显示，两个组的实验参与者作出的投资风险判断差异显著（$t = 3.614$，$p = 0.001$），前者显著大于后者，H1b 得到支持。

表 5－47　损失—无净风险组与损失—增加净风险组投资风险判断的描述性统计

处理组	N	Mean	Minimum	Maximum	Std. Deviation
损失—无净风险组	32	6.22	3	10	1.913
损失—增加净风险组	32	4.62	2	8	1.601
合计	64	5.42	2	10	1.926

资料来源：笔者整理。

表 5-48　损失—无净风险组与损失—增加净风险组投资风险判断比较 t 检验结果

因变量	Mean Difference	Std. Error Difference	95% Confidence Interval of the Difference		t	df	Sig. (2-tailed)
			Lower	Upper			
投资风险判断	1.594	0.441	0.712	2.475	3.614	62	0.001

资料来源：笔者整理。

投资吸引力评价的描述性统计分析结果显示，损失—无净风险组和损失—增加净风险组的实验参与者作出的投资吸引力评价分别为 4.34 和 5.75（见表 5-49）；表 5-50 的 t 检验结果显示，两个组的实验参与者的投资吸引力评价存在显著差异（$t=-3.626$，$p=0.001$），前者显著小于后者，H1b 得到支持。

表 5-49　损失—无净风险组与损失—增加净风险组投资吸引力评价的描述性统计

处理组	N	Mean	Minimum	Maximum	Std. Deviation
损失—无净风险组	32	4.34	1	7	1.638
损失—增加净风险组	32	5.75	3	8	1.459
合计	64	5.05	1	8	1.694

资料来源：笔者整理。

表 5-50　损失—无净风险组与损失—增加净风险组投资吸引力评价比较 t 检验结果

因变量	Mean Difference	Std. Error Difference	95% Confidence Interval of the Difference		t	df	Sig. (2-tailed)
			Lower	Upper			
投资吸引力	-1.406	0.388	-2.182	-0.631	-3.626	62	0.001

资料来源：笔者整理。

上述结果表明，在披露燃油价格波动风险及其套期保值工具风险的损失信息基础上，增加披露套期保值后净风险的损失信息情形，投资者判断公司投资风险较低、投资吸引力更高，作出的投资判断比较恰当，说明增加套期保值后净风险的损失信息的披露形式能够使投资者感知到套期保值带来的风险降低，并作出比较恰当的投资判断。

（三）仅披露净风险信息对投资者判断的影响

H1c 预期与对燃油（被套期项目）价格波动风险及其套期保值工具风险仅披露损失信息且增加披露套期保值后净风险损失信息的情况相比，仅披露套期保值后净风险的损失信息时，投资者判断的投资风险更高、评价的投资吸引力更低。为检验 H1c，我们比较了损失—仅有净风险组与损失—增加净风险组的实验参与者作出的投资判断。

投资风险判断的描述性统计结果显示，损失—仅有净风险组和损失—增加净风险组的投资者作出的投资风险判断分别为 5.50 和 4.62（见表 5-51）；表 5-52 的 t 检验结果显示，两个组的实验参与者作出的投资风险判断存在显著差异（$t = 2.046$，$p = 0.045$），前者显著大于后者，H1c 得到支持。

表 5-51　　损失—增加净风险组与损失—仅有净风险组投资风险判断的描述性统计

实验处理组	N	Mean	Minimum	Maximum	Std. Deviation
损失—仅有净风险组	32	5.50	2	9	1.814
损失—增加净风险组	32	4.62	2	8	1.601
合计	64	5.06	2	9	1.754

资料来源：笔者整理。

表 5-52　　损失—增加净风险组与损失—仅有净风险组投资风险判断比较 t 检验结果

因变量	Mean Difference	Std. Error Difference	95% Confidence Interval of the Difference		t	df	Sig. (2-tailed)
			Lower	Upper			
投资风险判断	0.875	0.428	0.020	1.730	2.046	62	0.045

资料来源：笔者整理。

投资吸引力评价的描述性统计结果显示，损失—仅有净风险组和损失—增加净风险组的实验参与者评价的投资吸引力分别为 4.91 和 5.75（见表 5 - 53）；表 5 - 54 的 t 检验结果显示，两个组的实验参与者评价的投资吸引力存在显著差异（t = -2.109，p = 0.039），前者显著小于后者，H1c 得到支持。

表 5 - 53　损失—增加净风险组与损失—仅有净风险组投资吸引力评价描述性统计

实验处理组	N	Mean	Minimum	Maximum	Std. Deviation
损失—仅有净风险组	32	4.91	2	9	1.729
损失—增加净风险组	32	5.75	3	8	1.459
合计	64	5.33	2	9	1.643

资料来源：笔者整理。

表 5 - 54　损失—增加净风险组与损失—仅有净风险组投资吸引力评价比较 t 检验结果

因变量	Mean Difference	Std. Error Difference	95% Confidence Interval of the Difference		t	df	Sig. (2 - tailed)
			Lower	Upper			
投资吸引力评价	-0.844	0.400	-1.643	-0.044	-2.109	62	0.039

资料来源：笔者整理。

三、同时披露损益信息、净风险信息披露对投资者判断的影响

（一）同时披露损益信息与仅披露损失信息对投资者判断影响比较

本书首先比较了同时披露损失和收益信息与仅披露损失信息内容对投资者判断的影响，考察对被套期项目及其套期工具同时披露损益信息是否可以作为另一类减轻投资者判断偏误的方式，使投资者能够感知到套期保

值带来的风险降低，并作出恰当的投资判断。H2 预期与对燃油（被套期项目）价格波动风险及其套期保值工具风险仅披露损失信息的情况相比，在对燃油价格波动风险及其套期保值工具风险同时披露损失和收益信息的情况下，投资者判断的投资风险更低、投资吸引力更高。为检验 H2，我们比较了损失—无净风险组与损益—无净风险组的实验参与者作出的投资判断。

投资风险判断的描述性统计结果显示，损益—无净风险组与损失—无净风险组的实验参与者作出的投资风险判断分别为 4.45 和 6.22（见表 5－55）；表 5－56 的 t 检验结果显示，两个组的实验参与者作出的投资风险判断存在显著差异（$t = -4.142$，$p < 0.001$），前者显著小于后者，H2 得到支持。

表 5－55　损失—无净风险组与损益—无净风险组投资风险判断的描述性统计

处理组	N	Mean	Minimum	Maximum	Std. Deviation
损益—无净风险组	33	4.45	2	8	1.502
损失—无净风险组	32	6.22	3	10	1.913
合计	65	5.32	2	10	1.921

资料来源：笔者整理。

表 5－56　损失—无净风险组与损益—无净风险组投资风险判断比较 t 检验结果

因变量	Mean Difference	Std. Error Difference	95% Confidence Interval of the Difference		t	df	Sig. (2－tailed)
			Lower	Upper			
投资风险判断	－1.764	0.426	－2.615	－0.913	－4.142	63	<0.001

资料来源：笔者整理。

投资吸引力评价的描述性统计结果显示，损益—无净风险组与损失—无净风险组的实验参与者作出的投资吸引力评价分别为 5.94 和 4.34（见

表5－57）；表5－58的t检验结果显示，两个组的实验参与者评价的投资吸引力存在显著差异（$t=4.267$，$p<0.001$），前者显著大于后者，H2得到支持。

表5－57　损失—无净风险组与损益—无净风险组投资吸引力评价的描述性统计

处理组	N	Mean	Minimum	Maximum	Std. Deviation
损益—无净风险组	33	5.94	3	9	1.368
损失—无净风险组	32	4.34	1	7	1.638
合计	65	5.15	1	9	1.698

资料来源：笔者整理。

表5－58　损失—无净风险组与损益—无净风险组投资吸引力评价比较t检验结果

因变量	Mean Difference	Std. Error Difference	95% Confidence Interval of the Difference		t	df	Sig.（2－tailed）
			Lower	Upper			
投资吸引力评价	1.596	0.374	0.848	2.343	4.267	63	<0.001

资料来源：笔者整理。

上述实验结果表明，同时披露损失和收益的信息内容可以作为另一类减轻投资者判断偏误的方式，能够使投资者感知到套期保值带来的风险降低，并作出比较恰当的投资判断。

（二）损益风险信息披露对投资者判断的影响

H3a 预期与不进行套期保值且对燃油价格波动风险同时披露损失和收益信息的情况相比，在进行套期保值且对燃油（被套期项目）价格波动风险及其套期保值工具风险同时披露损失和收益信息的情况下，投资者判断的投资风险更低、评价的投资吸引力更高。为检验H3a，我们比较了损益—控制组与损益—无净风险组的实验参与者作出的投资判断差异。

投资风险判断的描述性统计结果显示，损益—无净风险组和损益—控制组的实验参与者作出的投资风险判断分别为4.45和5.71（见表5－59）；表5－60的t检验结果显示，两个组的实验参与者作出的投资风险判断存在显著差异（t＝－2.908，p＝0.005），前者显著小于后者，H3a得到支持。

表5－59　损益—无净风险组与损益—控制组投资风险判断的描述性统计

处理组	N	Mean	Minimum	Maximum	Std. Deviation
损益—无净风险组	33	4.45	2	8	1.502
损益—控制组	31	5.71	2	10	1.936
合计	64	5.06	2	10	1.825

资料来源：笔者整理。

表5－60　损益—无净风险组与损益—控制组投资风险判断比较t检验结果

因变量	Mean Difference	Std. Error Difference	95% Confidence Interval of the Difference		t	df	Sig. (2－tailed)
			Lower	Upper			
投资风险判断	－1.255	0.432	－2.118	－0.392	－2.908	62	0.005

资料来源：笔者整理。

投资吸引力评价的描述性统计结果显示，损益—无净风险组的实验参与者作出的投资吸引力评价为5.94，损益—控制组的实验参与者作出的投资吸引力评价为4.84（见表5－61）；表5－62的t检验结果显示，两个组的实验参与者作出的投资吸引力评价存在显著差异（t＝3.136，p＝0.003），前者显著大于后者，H3a得到支持。

表 5-61　　损益—无净风险组与损益—控制组投资吸引力评价的描述性统计

处理组	N	Mean	Minimum	Maximum	Std. Deviation
损益—无净风险组	33	5.94	3	9	1.368
损益—控制组	31	4.84	1	8	1.440
合计	64	5.41	1	9	1.498

资料来源：笔者整理。

表 5-62　　损益—无净风险组与损益—控制组投资吸引力评价比较 t 检验结果

因变量	Mean Difference	Std. Error Difference	95% Confidence Interval of the Difference		t	df	Sig.（2-tailed）
			Lower	Upper			
投资吸引力评价	1.101	0.351	0.399	1.802	3.136	62	0.003

资料来源：笔者整理。

上述实验结果表明，风险信息中同时包括损失和收益信息内容时，投资者可以比较恰当地区分公司是否进行套期保值的情形，作出比较恰当的投资判断。

（三）增加净风险信息披露对投资者判断的影响

H3b 预期在对燃油（被套期项目）价格波动风险及其套期保值工具风险同时披露损失和收益信息的情况下，无论是否增加披露套期保值后净风险的损益信息，投资者判断的投资风险和评价的投资吸引力均没有显著差异。为检验 H3b，我们比较了损益—无净风险组与损益—增加净风险组的实验参与者作出的投资判断。投资风险判断的描述性统计结果显示，损益—无净风险组和损益—增加净风险组的实验参与者作出的投资风险判断分别为 4.45 和4.12（见表5-63）；表5-64 的t 检验结果显示，两个组的实验参与者作出的投资风险判断没有显著差异（$t=0.848$，$p=0.399$），H3b 得到支持。

表 5－63　　损益—无净风险组与损益—增加净风险组投资风险判断的描述性统计

处理组	N	Mean	Minimum	Maximum	Std. Deviation
损益—无净风险组	33	4. 45	2	8	1. 502
损益—增加净风险组	34	4. 12	0	7	1. 737
合计	67	4. 28	0	8	1. 622

资料来源：笔者整理。

表 5－64　　损益—无净风险组与损益—增加净风险组投资风险判断比较 t 检验结果

因变量	Mean Difference	Std. Error Difference	95% Confidence Interval of the Difference		t	df	Sig. (2－tailed)
			Lower	Upper			
投资风险判断	0. 337	0. 397	－0. 456	1. 130	0. 848	65	0. 399

资料来源：笔者整理。

投资吸引力评价的描述性统计结果显示，损益—无净风险组和损益—增加净风险组的实验参与者评价的投资吸引力分别为 5. 94 和 6. 18（见表 5－65）；表 5－66 的 t 检验结果显示，两个组的实验参与者作出的投资吸引力评价没有显著差异（t＝－0. 689，p＝0. 493），H3b 得到支持。

表 5－65　　损益—无净风险组与损益—增加净风险组投资吸引力评价的描述性统计

处理组	N	Mean	Minimum	Maximum	Std. Deviation
损益—无净风险组	33	5. 94	3	9	1. 368
损益—增加净风险组	34	6. 18	3	9	1. 445
合计	67	6. 06	3	9	1. 402

资料来源：笔者整理。

表 5－66 损益—无净风险组与损益—增加净风险组投资吸引力评价比较 t 检验结果

因变量	Mean Difference	Std. Error Difference	95% Confidence Interval of the Difference		t	df	Sig.（2－tailed）
			Lower	Upper			
投资吸引力评价	－0.237	0.344	－0.924	0.450	－0.689	65	0.493

资料来源：笔者整理。

上述实验结果表明，同时披露损失和收益风险信息内容情形下，投资者可以作出比较恰当的投资判断，无论是否增加净风险的损益信息，投资者作出的投资判断差异不显著，都是较为恰当的。

（四）仅披露净风险信息对投资者判断的影响

进一步检验风险信息披露内容是同时披露损失和收益时，仅披露套期保值后的净风险信息形式对投资者判断的影响。H3c 预期与对燃油（被套期项目）价格波动风险及其套期保值工具风险同时披露损失和收益信息且增加披露套期保值后的净风险损益信息的情况相比，仅披露套期保值后净风险的损益信息时，投资者判断的投资风险更高、评价的投资吸引力更低。为检验 H3c，我们比较了损益—仅有净风险组与损益—增加净风险组的实验参与者作出的投资判断。

投资风险判断的描述性统计结果显示，损益—仅有净风险组和损益—增加净风险组的实验参与者作出的投资风险判断分别为 4.97 和 4.12（见表 5－67）；表 5－68 的 t 检验结果显示，两个组的实验参与者作出的投资风险判断存在显著差异（$t = 2.210$，$p = 0.031$），前者显著大于后者，H3c 得到支持。

表 5－67　　损益—增加净风险组与损益—仅有净风险组投资风险判断的描述性统计

处理组	N	Mean	Minimum	Maximum	Std. Deviation
损益—仅有净风险组	32	4.97	2	7	1.356
损益—增加净风险组	34	4.12	0	7	1.737
合计	66	4.53	0	7	1.610

资料来源：笔者整理。

表 5－68　　损益—增加净风险组与损益—仅有净风险组的投资风险判断比较 t 检验结果

因变量	Mean Difference	Std. Error Difference	95% Confidence Interval of the Difference		t	df	Sig. (2－tailed)
			Lower	Upper			
投资风险判断	0.851	0.385	0.082	1.621	2.210	64	0.031

资料来源：笔者整理。

投资吸引力评价的描述性统计结果显示，损益—仅有净风险组的实验参与者评价的投资吸引力为5.47，损益—增加净风险组的实验参与者评价的投资吸引力为6.18（见表5－69）；表5－70 的t 检验结果显示，两个组的实验参与者作出的投资吸引力评价存在显著差异（t = －1.965，p = 0.054），前者显著小于后者，H3c 得到支持。

表 5－69　　损益—增加净风险组与损益—仅有净风险组投资吸引力评价的描述性统计

处理组	N	Mean	Minimum	Maximum	Std. Deviation
损益—仅有净风险组	32	5.47	3	9	1.481
损益—增加净风险组	34	6.18	3	9	1.445
合计	66	5.83	3	9	1.494

资料来源：笔者整理。

表 5－70　　损益—增加净风险组与损益—仅有净风险组投资吸引力评价比较 t 检验结果

因变量	Mean Difference	Std. Error Difference	95% Confidence Interval of the Difference		t	df	Sig. (2－tailed)
			Lower	Upper			
投资吸引力评价	－0. 708	0. 360	－1. 427	0. 012	－1. 965	64	0. 054

资料来源：笔者整理。

第三节　投资者判断过程的中介效应分析结果

在理论分析部分我们预期了投资者作出投资判断的具体过程，利用实验研究方法的优势，在实验材料中包括了询问实验参与者一些与中介变量相关的问题，以更深入地了解投资者投资判断过程中的相关决策行为。

一、中介效应检验程序

中介变量（mediator）作为统计上的一个重要概念，可以用于解释或证实自变量与因变量之间关系的具体理论或作用机制。中介效应分为完全中介（full mediation）和部分中介（partial mediation）两类。基于巴伦和肯尼（Baron and Kenny，1986）提出的中介效应模型及其检验程序，中介效应存在需要满足：自变量显著地对中介变量产生影响；自变量显著地对因变量产生影响；在回归模型中，同时包括自变量和中介变量时，如果自变量对因变量的影响不再显著，则表明发生了完全中介，如果自变量仍显著地影响因变量，但显著性水平降低或回归系数降低，则表明发生了部分中介。具体地，如图 5－9 所示，首先，需要检验自变量 X 与因变量 Y 之间的关系，即检验方程（1）中系数 c 是否显著；其次，需要检验自变量 X 与中介变量 M 之间的关系，即检验方程（2）中系数 a 是否显著；最后，需要检验同时包括自变量 X 和中介变量 M 后，方程（3）中系数 c′和 b 是否显著。

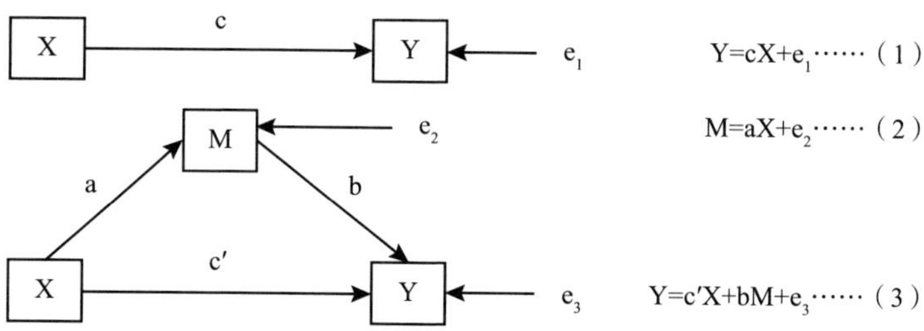

图 5 - 9　中介变量

资料来源：温忠麟，张雷，侯杰泰，刘红云．中介效应检验程序及其应用［J］．心理学报，2004，36（5）：614 - 620.

二、净风险信息披露形式对投资者判断影响的中介效应检验结果

根据第三章关于净风险信息披露形式对投资者判断影响的中介效应的理论分析，我们提出了 H4a，预期净风险信息披露形式对投资者判断的净利润波动程度的影响被投资者感知的燃油价格上升风险的担忧程度所中介；燃油价格上升风险的担忧程度对投资者判断的投资风险的影响被净利润波动程度所中介；净利润波动程度对投资者评价的投资吸引力的影响被投资风险所中介。在本书的实验设计中，我们分别将燃油价格上升风险的担忧程度、净利润波动程度、投资风险作为中介变量，依次按中介效应的检验程序进行检验。

（一）燃油价格上升风险担忧程度中介效应检验结果

H4a 首先预期投资者感知的燃油价格上升风险的担忧程度中介了净风险信息披露形式对投资者判断的净利润波动程度的影响。为检验这一预期，我们将中介变量设为燃油价格上升风险的担忧程度；自变量设为净风险信息披露形式，并定义为虚拟变量，损失—无净风险组定义为 0，损失—增加净风险组定义为 1；因变量设为净利润波动程度。表 5 - 71、图 5 - 10 的实验结果显示，净风险信息披露形式显著影响投资者对燃油价格上升风险

的担忧程度的估计（a = -0.875，p = 0.029）；净风险信息披露形式显著影响投资者判断的净利润波动程度（c = -1.281，p = 0.004）；当净风险信息披露形式和燃油价格上升风险担忧程度包括在同一个模型中，净风险信息披露形式对净利润波动程度的影响回归系数降低（c′ = -1.034，p = 0.020），表明燃油价格上升风险担忧程度部分中介了净风险信息披露形式对净利润波动程度判断的影响，中介效应显著，这一结果支持了 H4a。

表 5-71　燃油价格上升风险担忧程度中介模型回归结果（H4a）

Source	模型（1） 因变量、中介变量 燃油价格上升风险 担忧程度	模型（2） 因变量 净利润波动程度	模型（3） 因变量 净利润波动程度
INTERCEPT	6.125 (<0.001)	5.875 (<0.001)	4.147 (<0.001)
净风险信息 披露形式	-0.875 (0.029)	-1.281 (0.004)	-1.034 (0.020)
燃油价格上升风险 担忧程度 （中介变量）			0.282 (0.041)
F - stat	5.013	8.986	6.911
Adj - R^2	6.0%	11.3%	15.8%

资料来源：笔者整理。

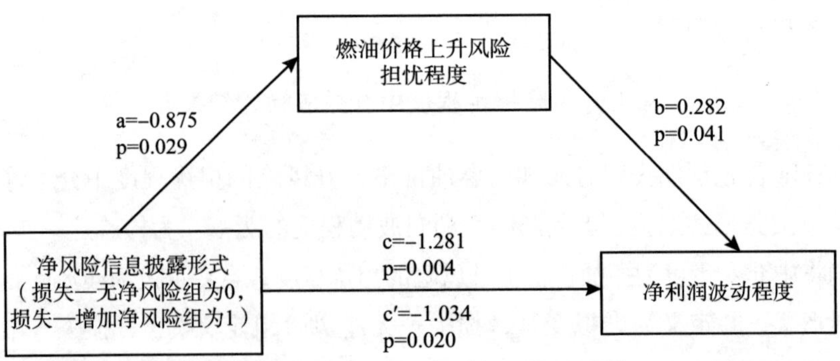

图 5-10　燃油价格上升风险担忧程度的中介效应检验结果（H4a）

资料来源：笔者整理。

（二）净利润波动程度中介效应检验结果

H4a 进一步预期投资者判断的净利润波动程度中介了燃油价格上升风险的担忧程度对投资者判断的投资风险的影响。为检验这一预期，我们将中介变量设为净利润波动程度，自变量设为燃油价格上升风险担忧程度，因变量设为投资者判断的投资风险。表 5－72、图 5－11 的实验结果显示，燃油价格上升风险担忧程度显著地影响净利润波动程度（a＝0. 371，p＝0. 008）；燃油价格上升风险担忧程度显著影响投资者判断的投资风险（c＝0. 357，p＝0. 016）；当燃油价格上升风险的担忧程度和净利润波动程度包括在同一个模型中，燃油价格上升风险的担忧程度对投资风险的影响不显著（c′＝0. 179，p＝0. 201），表明净利润波动程度完全中介了燃油价格上升风险担忧程度对投资风险判断的影响，中介效应显著，这一结果支持了 H4a。

表 5－72　　净利润波动程度中介模型回归结果（H4a）

Source	模型（1） 因变量、中介变量 净利润波动程度	模型（2） 因变量 投资风险	模型（3） 因变量 投资风险
INTERCEPT	3. 127 （＜0. 001）	3. 392 （＜0. 001）	1. 888 （0. 032）
燃油价格上升 风险担忧程度	0. 371 （0. 008）	0. 357 （0. 016）	0. 179 （0. 201）
净利润波动程度 （中介变量）			0. 481 （＜0. 001）
F－stat	7. 538	6. 077	11. 431
Adj－R^2	9. 4%	7. 5%	24. 9%

资料来源：笔者整理。

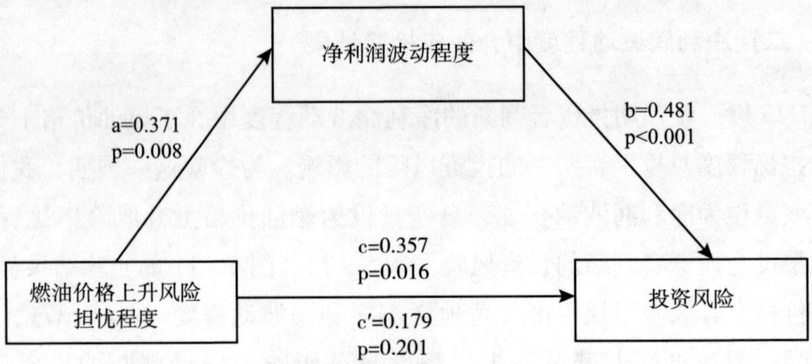

图 5 - 11　净利润波动程度的中介效应检验结果（H4a）

资料来源：笔者整理。

（三）投资风险中介效应检验结果

H4a 还预期投资者判断的投资风险中介了净利润波动程度对投资者评价的投资吸引力的影响。为检验这一预期，我们将中介变量设为投资风险，自变量设为净利润波动程度，因变量设为投资者评价的投资吸引力。表 5 - 73、图 5 - 12 的实验结果显示，净利润波动程度显著影响投资者判断的投资风险（$a = 0.533$，$p < 0.001$）；净利润波动程度显著影响投资者评价的投资吸引力（$c = -0.360$，$p = 0.002$）；当将净利润波动程度和投资风险包括在同一个模型中，净利润波动程度对投资吸引力的影响不显著（$c' = -0.075$，$p = 0.479$），表明投资风险判断完全中介了净利润波动程度对投资吸引力评价的影响，中介效应显著，这一结果支持了 H4a。

表 5 - 73　　投资风险中介模型回归结果（H4a）

Source	模型（1） 因变量、中介变量 投资风险	模型（2） 因变量 投资吸引力	模型（3） 因变量 投资吸引力
INTERCEPT	2.630 （<0.001）	6.931 （<0.001）	8.339 （<0.001）
净利润波动程度	0.533 （<0.001）	-0.360 （0.002）	-0.075 （0.479）

续表

Source	模型（1） 因变量、中介变量 投资风险	模型（2） 因变量 投资吸引力	模型（3） 因变量 投资吸引力
投资风险 （中介变量）			-0.535 （<0.001）
F - stat	20.965	10.831	22.554
Adj - R^2	24.1%	13.5%	40.6%

资料来源：笔者整理。

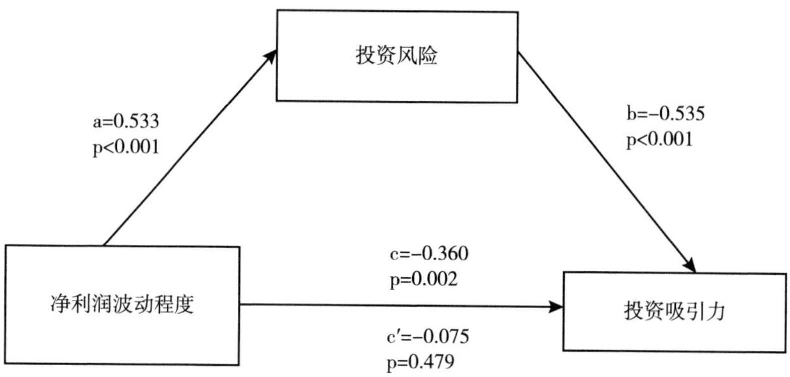

图5-12 投资风险的中介效应检验结果（H4a）

资料来源：笔者整理。

三、风险信息披露内容对投资者判断影响的中介效应检验结果

本书还论述了风险信息披露内容对投资者判断影响的具体过程，提出了H4b，预期风险信息披露内容对投资者判断的净利润波动程度影响被投资者感知的燃油价格上升风险担忧程度所中介；燃油价格上升风险担忧程度对投资者判断的投资风险影响被净利润波动程度所中介；净利润波动程度对投资者评价的投资吸引力影响被投资风险所中介，我们依次按中介效应检验程序进行检验。

（一）燃油价格上升风险担忧程度中介效应检验结果

H4b 首先预期投资者感知的燃油价格上升风险的担忧程度中介了风险信息披露内容对投资者判断的净利润波动程度的影响。为检验这一预期，我们将中介变量设为燃油价格上升风险担忧程度，自变量设为风险信息披露内容，损失—无净风险组定义为 0，损益—无净风险组定义为 1，因变量设为净利润波动程度。实验结果如表 5－74、图 5－13 所示，风险信息披露内容显著影响投资者对燃油价格上升风险担忧程度的估计（$a = -1.640$，$p < 0.001$）；风险信息披露内容显著影响投资者判断的净利润波动程度（$c = -1.542$，$p = 0.001$）；当将风险信息披露内容和燃油价格上升风险担忧程度包括在同一个模型中，风险信息披露内容对净利润波动程度的影响回归系数降低（$c' = -0.770$，$p = 0.085$），表明燃油价格上升风险担忧程度部分中介了风险信息披露内容对投资者判断的净利润波动程度的影响，中介效应显著，这一结果支持了 H4b。

表 5－74　燃油价格上升风险担忧程度中介模型回归结果（H4b）

Source	模型（1） 因变量、中介变量 燃油价格上升风险担忧程度	模型（2） 因变量 净利润波动程度	模型（3） 因变量 净利润波动程度
INTERCEPT	6.125 (<0.001)	5.875 (<0.001)	2.995 (<0.001)
风险信息披露内容	−1.640 (<0.001)	−1.542 (0.001)	−0.770 (0.085)
燃油价格上升风险担忧程度（中介变量）			0.470 (<0.001)
F − stat	14.360	12.113	15.852
Adj − R^2	17.3%	14.8%	31.7%

资料来源：笔者整理。

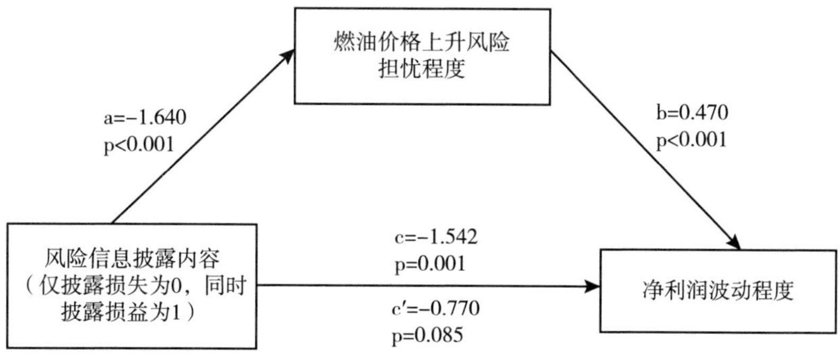

图 5-13　燃油价格上升风险担忧程度的中介效应检验结果（H4b）

资料来源：笔者整理。

（二）净利润波动程度中介效应检验结果

H4b 进一步预期投资者判断的净利润波动程度中介了燃油价格上升风险的担忧程度对投资者判断的投资风险的影响。为检验这一预期，我们将中介变量设为净利润波动程度，自变量设为燃油价格上升风险的担忧程度，因变量设为投资者判断的投资风险。

实验结果如表 5-75、图 5-14 所示，投资者对燃油价格上升风险担忧程度的估计显著影响投资者判断的净利润波动程度（$a = 0.557$，$p < 0.001$）；投资者对燃油价格上升风险担忧程度的估计显著影响投资者判断的投资风险（$c = 0.390$，$p = 0.001$）；当将投资者估计的燃油价格上升风险担忧程度和投资者判断的净利润波动程度包括在同一个模型中，燃油价格上升风险的担忧程度对投资风险判断的影响不显著（$c' = 0.166$，$p = 0.209$），表明投资者对净利润波动程度的判断完全中介了燃油价格上升风险担忧程度对投资者判断的投资风险的影响，中介效应显著，这一结果支持了 H4b。

表 5-75　　净利润波动程度中介模型回归结果（H4b）

Source	模型（1） 因变量、中介变量 净利润波动程度	模型（2） 因变量 投资风险	模型（3） 因变量 投资风险
INTERCEPT	2.142 (0.001)	3.258 (<0.001)	2.397 (0.001)

续表

Source	模型（1） 因变量、中介变量 净利润波动程度	模型（2） 因变量 投资风险	模型（3） 因变量 投资风险
燃油价格上升风险担忧程度	0.557 （<0.001）	0.390 （0.001）	0.166 （0.209）
净利润波动程度（中介变量）			0.402 （0.003）
F－stat	27.718	11.269	11.207
Adj－R^2	29.5%	13.8%	24.2%

资料来源：笔者整理。

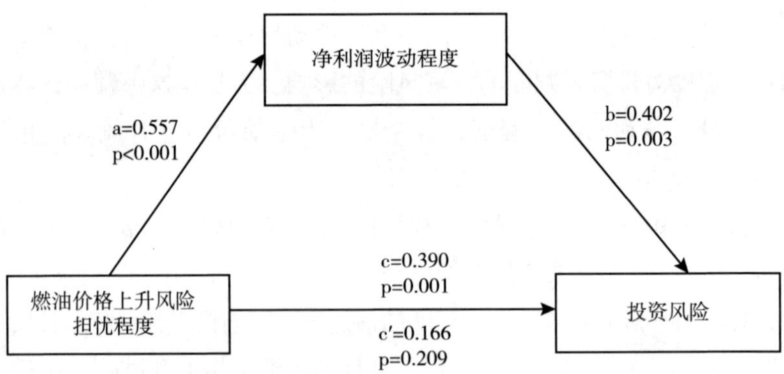

图5－14　净利润波动程度的中介效应检验结果（H4b）

资料来源：笔者整理。

（三）投资风险中介效应检验结果

H4b还预期投资者判断的投资风险中介了净利润波动程度对投资者评价的投资吸引力的影响。为检验这一预期，我们将中介变量设为投资风险，自变量设为净利润波动程度，因变量设为投资者评价的投资吸引力。表5－76、图5－15的实验结果显示，净利润波动程度显著影响投资者判断的投资风险（$a=0.493$，$p<0.001$）；净利润波动程度显著影响投资者评价的投资吸引力（$c=-0.300$，$p=0.005$）；当将净利润波动程度和投

资风险包括在同一个模型中，净利润波动程度对投资吸引力的影响不显著（c′ = −0.035，p = 0.726），表明投资风险完全中介了净利润波动程度对投资者评价的投资吸引力的影响，中介效应显著，这一结果支持了 H4b。

表 5 −76　　　　　投资风险中介模型回归结果（H4b）

Source	模型（1） 因变量、中介变量 投资风险	模型（2） 因变量 投资吸引力	模型（3） 因变量 投资吸引力
INTERCEPT	2.812 （<0.001）	6.683 （<0.001）	8.196 （<0.001）
净利润波动程度	0.493 （<0.001）	−0.300 （0.005）	−0.035 （0.726）
投资风险 （中介变量）			−0.538 （<0.001）
F − stat	20.603	8.357	20.362
Adj − R^2	23.4%	10.3%	37.7%

资料来源：笔者整理。

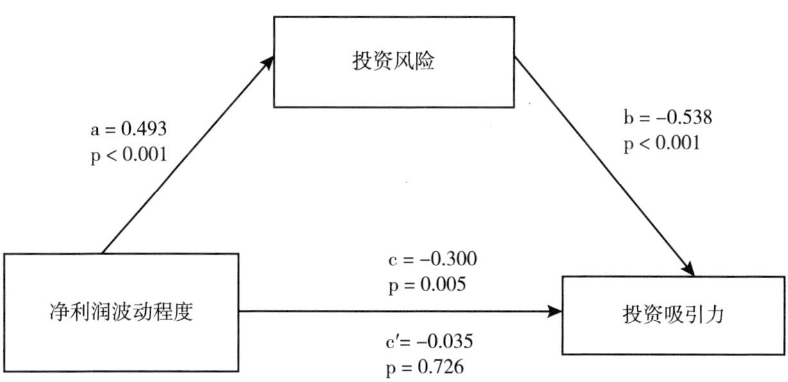

图 5 −15　投资风险的中介效应检验结果（H4b）

资料来源：笔者整理。

上述中介效应检验结果支持了投资者在考虑风险信息披露内容、形式对其投资判断影响时的因果过程模型，即净风险信息披露形式、风险信息披露内容会影响投资者感知的燃油价格上升风险的担忧程度，进而影响投资者判断的净利润波动程度，再进一步影响投资者判断的投资风险，最终影响投资者评价的投资吸引力。

第四节 附加分析

在附加分析中，首先我们对两类有效的风险信息披露改进方式进行比较，进一步从不同的侧面说明提出的相关预期的合理性及实验结果的稳健性。同时，投资者对风险信息的一些基本判断可能直接或间接地影响投资者的投资判断，比如投资者感知的风险信息的可信性、风险信息对其决策的重要程度等。如果各处理组中实验参与者对风险信息的一些基本判断存在显著差异，则我们的实验结果可能是由这些差异引发的，为此我们需要进行进一步的检验，以排除这些因素的影响。

一、风险信息披露改进方式对投资者判断影响的比较

（一）损失—增加净风险组与损益—无净风险组比较

前述的实验结果支持了第三章提出的假设预期，支持了我们提出的两类风险信息披露的改进方式的有效性，一类是改进风险信息披露形式，在对燃油价格波动风险及其套期保值工具风险披露损失信息基础上，增加披露套期保值后净风险的损失信息，即损失—增加净风险组；另一类是改进风险信息披露内容，在燃油价格波动风险及其套期保值工具风险中同时披露损失和收益信息，即损益—无净风险组。我们进一步比较这两类改进方式的有效性，根据我们的理论分析和实验设计，这两类减轻投资者投资判断偏误的方式都可以使投资者作出比较恰当的投资判断，因此，两类情形对投资者投资判断的影响应当是无差异的。

投资风险判断的描述性统计结果显示，损失—增加净风险组的实验参与者判断的投资风险是4.62，损益—无净风险组的实验参与者判断的投资

风险为4.45（见表5－77）；表5－78中投资风险判断的t检验结果显示，两个组的实验参与者作出的投资风险判断没有显著差异（t＝0.443，p＝0.659）。

表5－77　损失—增加净风险组与损益—无净风险组投资风险判断的描述性统计

处理组	N	Mean	Minimum	Maximum	Std. Deviation
损失—增加净风险组	32	4.62	2	8	1.601
损益—无净风险组	33	4.45	2	8	1.502
合计	65	4.54	2	8	1.542

资料来源：笔者整理。

表5－78　损失—增加净风险组与损益—无净风险组投资风险判断比较t检验结果

因变量	Mean Difference	Std. Error Difference	95% Confidence Interval of the Difference		t	df	Sig.（2－tailed）
			Lower	Upper			
投资风险判断	0.170	0.385	－0.599	0.940	0.443	63	0.659

资料来源：笔者整理。

表5－79中的描述性统计结果显示，损失—增加净风险组和损益—无净风险组的实验参与者评价的投资吸引力分别为5.75和5.94。表5－80的t检验结果显示，两个组的实验参与者作出的投资吸引力评价没有显著差异（t＝－0.540，p＝0.591）。

表5－79　损失—增加净风险组与损益—无净风险组投资吸引力评价的描述性统计

处理组	N	Mean	Minimum	Maximum	Std. Deviation
损失—增加净风险组	32	5.75	3	8	1.459

续表

处理组	N	Mean	Minimum	Maximum	Std. Deviation
损益—无净风险组	33	5.94	3	9	1.368
合计	65	5.85	3	9	1.406

资料来源：笔者整理。

表 5-80　　损失—增加净风险组与损益—无净风险组投资吸引力评价比较 t 检验结果

因变量	Mean Difference	Std. Error Difference	95% Confidence Interval of the Difference		t	df	Sig. (2-tailed)
			Lower	Upper			
投资吸引力评价	-0.189	0.351	-0.890	0.511	-0.540	63	0.591

资料来源：笔者整理。

上述结果表明，两类比较有效地减轻投资者判断偏误的方式，对投资者判断的影响不存在显著差异，都有助于投资者作出比较恰当的投资判断。

（二）损失—增加净风险组与损益—增加净风险组比较

前述的实验结果已证实，同时披露损失和收益信息时，是否增加净风险信息对投资者判断的影响没有显著差异，由于在损失—增加净风险与损益—无净风险两种情形下，投资者的投资判断也没有显著差异。因此，进一步我们推测在损益—增加净风险与损失—增加净风险两种情形下，投资者的投资判断也应是无差异的，我们对此做进一步的检验。

投资风险判断的描述性统计结果显示，损失—增加净风险组的实验参与者判断的投资风险是 4.62，损益—增加净风险组的实验参与者判断的投资风险为 4.12（见表 5-81）；表 5-82 中投资风险的 t 检验结果显示，两个组的实验参与者作出的投资风险判断没有显著差异（$t=1.232$，$p=0.223$）。

表 5 – 81　　损失—增加净风险组与损益—增加净风险组投资风险判断的描述性统计

处理组	N	Mean	Minimum	Maximum	Std. Deviation
损失—增加净风险组	32	4.62	2	8	1.601
损益—增加净风险组	34	4.12	0	7	1.737
合计	66	4.36	0	8	1.679

资料来源：笔者整理。

表 5 – 82　　损失—增加净风险组与损益—增加净风险组投资风险判断比较 t 检验结果

因变量	Mean Difference	Std. Error Difference	95% Confidence Interval of the Difference		t	df	Sig. (2 – tailed)
			Lower	Upper			
投资风险判断	0.507	0.412	–0.316	1.330	1.232	64	0.223

资料来源：笔者整理。

投资吸引力评价的描述性统计结果显示，损失—增加净风险组的实验参与者评价的投资吸引力是 5.75，损益—增加净风险组的实验参与者评价的投资吸引力为 6.18（见表 5 – 83）；表 5 – 84 中投资吸引力评价比较的 t 检验结果显示，两个组的实验参与者作出的投资吸引力评价没有显著差异（$t = -1.192$，$p = 0.237$）。上述结果进一步支持了实验结果的稳健性，以及不同处理组之间合理的逻辑关系。

表 5 – 83　　损失—增加净风险组与损益—增加净风险组投资吸引力评价的描述性统计

处理组	N	Mean	Minimum	Maximum	Std. Deviation
损失—增加净风险组	32	5.75	3	8	1.459
损益—增加净风险组	34	6.18	3	9	1.445
合计	66	5.97	3	9	1.457

资料来源：笔者整理。

表 5－84　　损失—增加净风险组与损益—增加净风险组投资吸引力评价比较 t 检验结果

因变量	Mean Difference	Std. Error Difference	95% Confidence Interval of the Difference		t	df	Sig. (2－tailed)
			Lower	Upper			
投资吸引力评价	－0.426	0.358	－1.141	0.288	－1.192	64	0.237

资料来源：笔者整理。

二、投资者感知的风险信息的可信性

投资者感知的信息可信性可能影响其作出的投资判断，赫斯特等（2007）研究表明，管理层发布的盈余预测信息的可信性正向地影响投资者对公司市盈率的判断。作为投资者选择投资对象时考虑的重要信息之一，投资者感知的风险信息的可信程度可能会影响其作出的投资判断。因此，我们需要通过检验以排除不同处理组的实验参与者间感知到的风险信息可信性的差异，保证实验结果仅受到实验操控的自变量的影响。

为排除投资者感知的风险信息可信性对投资判断的影响，在实验材料中，我们询问了实验参与者“请您评价 A 公司披露的风险信息的可信性如何?”，实验参与者在 11 分量表中做出回答，0 表示“一点不可信”，10 表示“非常可信”。风险信息可信性的描述性统计结果显示，实验参与者感知的风险信息可信性的均值是 5.86（见表 5－85）。表 5－86 中单样本 t 检验结果显示，实验参与者感知的风险信息可信性的均值显著大于 5（$t = 9.449$，$p < 0.001$），表明投资者感知到风险信息的可信度较高。风险信息可信性的方差分析结果显示，不同的处理组间实验参与者对风险信息可信性的感知不存在显著差异（$F = 0.422$，$p = 0.888$）（见表 5－87）。因此，可以将实验结果是由投资者感知的风险信息可信性的差异导致的情形予以排除。

表 5－85　　风险信息可信性的描述性统计

变量	N	Mean	Minimum	Maximum	Std. Deviation
风险信息可信性	257	5.86	1	10	1.459

资料来源：笔者整理。

表 5－86　　风险信息可信性的单样本 t 检验结果

变量	Test Value＝5					
	t	df	Sig.（2－tailed）	Mean Difference	95% Confidence Interval of the Difference	
					Lower	Upper
风险信息可信性	9.449	256	<0.001	0.860	0.68	1.04

资料来源：笔者整理。

表 5－87　　风险信息可信性的方差分析

Variables	Sum of Squares	df	Mean Square	F	Sig.
Between Groups	6.384	7	0.912	0.422	0.888
Within Groups	538.573	249	2.163		
Total	544.957	256			

资料来源：笔者整理。

三、投资者感知的风险信息对其投资决策的影响程度

投资者感知的风险信息对其投资决策影响程度的差异，可能也会影响投资者作出的投资判断。为排除投资者感知的风险信息影响程度对实验结果的影响，在实验材料中，我们询问了实验参与者“您认为 A 公司披露的风险信息对您的投资决策有多大影响?”，实验参与者在 11 分量表中做出回答，0 表示“一点没影响”，10 表示“影响很大”。风险信息对投资决策影响程度的描述性统计结果显示，实验参与者感知的风险信息对其投资决策的影响程度的均值是6.52（见表5－88）。表5－89 中单样本 t 检验

结果显示，实验参与者感知风险信息对其投资决策影响程度的均值显著大于5（$t = 13.561$，$p < 0.001$），表明投资者感知的风险信息对其投资决策的影响程度较大。风险信息对投资决策影响程度的方差分析结果显示，不同的处理组间实验参与者感知的风险信息对其投资决策的影响程度不存在显著差异（$F = 0.663$，$p = 0.703$）（见表5－90）。因此，可以将实验结果是由投资者感知的风险信息对其投资决策影响程度的差异导致的情形予以排除。

表5－88 风险信息对投资决策影响程度的描述性统计

变量	N	Mean	Minimum	Maximum	Std. Deviation
风险信息对投资决策影响程度	257	6.52	0	10	1.799

资料来源：笔者整理。

表5－89 风险信息对投资决策影响程度的单样本t检验结果

变量	Test Value = 5					
	t	df	Sig. (2－tailed)	Mean Difference	95% Confidence Interval of the Difference	
					Lower	Upper
风险信息对投资决策影响程度	13.561	256	<0.001	1.521	1.30	1.74

资料来源：笔者整理。

表5－90 风险信息对投资决策影响程度的方差分析

Variables	Sum of Squares	df	Mean Square	F	Sig.
Between Groups	15.156	7	2.165	0.663	0.703
Within Groups	812.976	249	3.265		
Total	828.132	256			

资料来源：笔者整理。

综上所述，在附加分析中，通过比较不同处理组之间实验结果的内在联系，进一步支持了本书理论预期及实验结果的合理性，而且也通过统计检验和分析，排除了风险信息可信性、风险信息对投资决策影响程度两方面因素对实验结果的影响，进一步保证了实验结果的有效性和稳健性。

第六章

结　论

第一节　研究结论和启示

一、研究结论

为规避经营中面临的利率、汇率、商品价格等市场因素变化的不利影响，近年来越来越多公司使用衍生金融工具参与套期保值业务，投资者在选择投资对象时，也越来越关注公司披露的与套期保值相关的风险信息。本书在回顾市场风险信息披露、衍生金融工具使用后果以及信息披露内容形式等相关研究文献的基础上，运用心理学中的个体认知能力局限性、启动效应、风险判断行为观等理论，分析了被套期项目及其套期工具的风险信息披露内容、形式对投资者判断的影响，提出了研究假设，并采用实验研究方法对提出的研究假设进行检验，为风险信息披露对个体投资者判断影响方面的研究提供了经验证据。本书的研究结论主要包括以下几方面：

（1）理论分析表明：由于个体投资者认知的局限性和启动效应等原因，被套期项目及其套期保值工具的风险披露内容和形式，会影响个体投资者的投资判断。这些内容和形式包括：仅披露被套期项目及其套期保值工具的损失风险，同时披露被套期项目及其套期保值工具的损失和收益风险，以及增加或单独披露套期保值后的净风险等。此外，投资者对被套期项目价格上升风险的担忧程度、净利润波动程度会中介风险信息披露内容、形式对投资者投资判断的影响。

（2）实验结果表明：

①不进行套期保值且对燃油价格波动风险仅披露损失信息，与进行套期保值且对燃油（被套期项目）价格波动风险及其套期保值工具风险仅披露损失信息，两种情况下，个体投资者判断的投资风险和投资吸引力均没有显著差异，即个体投资者未能感知到套期保值带来的风险降低，并作出了不恰当的投资判断。

②与对燃油（被套期项目）价格波动风险及其套期保值工具风险仅披露损失信息相比，在此基础上增加披露套期保值后净风险的损失信息时，个体投资者判断的投资风险更低、投资吸引力更高，即个体投资者能够感知到套期保值带来的风险降低，并作出比较恰当的投资判断。但与前述的增加披露套期保值后净风险的损失信息相比，在仅披露套期保值后净风险的损失信息的情况下，个体投资者判断的投资风险更高、投资吸引力更低。

（3）实验结果表明：

①与对燃油价格波动风险及其套期保值工具风险仅披露损失信息相比，当对燃油价格波动风险及其套期保值工具风险同时披露损失和收益信息时，个体投资者判断的投资风险更低、投资吸引力更高，即个体投资者能够感知到套期保值带来的风险降低，并能够作出比较恰当的投资判断。

②与不进行套期保值时对燃油价格波动风险同时披露损失和收益信息相比，在进行套期保值的情况下，对燃油价格波动风险及其套期保值工具风险同时披露损失和收益信息时，个体投资者判断的投资风险更低、投资吸引力更高，即个体投资者能够感知到套期保值带来的风险降低，并作出比较恰当的投资判断。

③在对燃油价格波动风险及其套期保值工具风险同时披露损失和收益信息的情况下，无论是否增加披露套期保值后净风险的损益信息，个体投资者判断的投资风险和投资吸引力均没有显著差异；但与前述的增加披露套期保值后净风险的损益信息相比，仅披露套期保值后净风险的损益信息时，个体投资者判断的投资风险更高、投资吸引力更低。

（4）实验结果表明，个体投资者在进行投资判断的过程中，感知的燃油价格上升风险的担忧程度分别部分中介了净风险信息披露形式、风险信息披露内容对投资者判断的净利润波动程度的影响；净利润波动程度完全中介了燃油价格上升风险的担忧程度对投资风险判断的影响；投资风险判断完全中介了净利润波动程度对投资吸引力评价的影响。

以上结果表明，对于燃油价格波动风险及其套期保值工具风险，仅披露损失信息未能使投资者感知到套期保值带来的风险降低，并使得投资者作出不恰当的投资判断；对燃油价格波动风险及其套期保值工具风险同时披露损失和收益信息，或者在仅披露损失信息的基础上增加披露套期保值后净风险损失信息，均能使投资者感知到套期保值带来的风险降低，并使得投资者作出比较恰当的投资判断。

二、实践启示

使用衍生金融工具进行套期保值具有一定的复杂性，近年来一些公司由于不恰当的操作遭受了巨大的损失，合理地选择风险信息披露的内容、形式，及时披露与之相关的风险信息尤为重要，有助于投资者适时地了解与套期保值业务相关的风险信息，作出比较恰当的投资判断。本书研究对实践的启示意义主要体现在以下几个方面。

（一）监管部门规范风险信息披露的内容形式

从监管者的角度，目前我国会计准则和国际会计准则中，要求公司披露资产负债表日所面临的市场风险的敏感性分析，但规定较为笼统，没有具体的执行细则。比如准则中要求披露相关风险变量发生合理、可能的变动时对企业当前损益或所有者权益产生的影响，但没有具体规定风险变量怎样变动是“合理、可能的变动”的范围，而美国 FRR No. 48 规定：“假定的市场价格的变化要求公司在近期合理变动的基础上做出，除非有合理的理由，否则不应当低于报告期末市场利率或商品价格的 10%。”同时，我国会计准则和国际会计准则也没有明确说明对企业当期损益的影响是套期保值后的净影响，还是仅为金融工具公允价值变动对损益的影响。缺少实施细则很难有效地指导公司的披露实务，公司披露的信息缺乏一定的可比性，很大程度上降低了风险信息的有用性，甚至可能造成投资者作出不恰当的投资判断。美国的监管规定（FRR No. 48）中要求公司必须披露“市场化利率或价格（如利息率、汇率、商品价格等）不利变化导致公司遭受损失的风险”，从本书的实验结果中可以看出，仅披露损失规定使投资者不能正确地评价公司的套期保值状况，作出的投资判断可能是有偏的，而IASB或我国会计准则都要求公司披露损失和收益两方面信息，更有助于投资者作出比较恰当的投资判断，同时SEC也没有明确规定公司是否可以包括净风险信息的披露。

因此，SEC、IASB和我国监管部门可以就风险信息披露内容、形式等方面的规定相互借鉴，明确公司需要披露的风险信息内容以及可以采用的披露形式，细化具体的披露要求，增强公司之间信息的可比性，使投资者可以作出比较恰当的投资判断，也有利于进一步推进国际会计准则规范的趋同。

（二）企业改进风险信息披露以增强信息的有用性

从企业的角度，风险信息作为一类负面消息，公司往往倾向于简化披露或尽可能地不进行披露。然而，基于本书的研究结果，公司不全面地披露风险信息，比如仅包括利润损失方面的内容、不披露套期保值后的净风险信息或仅披露套期保值后的净风险信息，都可能导致投资者作出有偏的、不利于公司的投资判断，即投资者可能对公司作出较低的投资评价。因此，公司在披露与金融工具相关的市场风险信息时，在风险信息内容方面，无论是燃油价格波动风险，还是套期保值工具风险，都应尽可能地披露市场因素变化导致公司利润发生损失或收益的双面影响，同时也应当在披露被套期项目价格波动风险及其套期保值工具风险的基础上，增加披露套期保值后的净风险信息，以有助于投资者快速、准确地搜索相关风险信息，作出恰当的投资判断。因此，企业披露明确、清晰的风险信息对个体投资者而言尤为重要，也是投资者保护有效性的一个重要方面。

（三）通过投资者教育提高投资者的分析和决策能力

个体投资者拥有较少的专业投资知识，缺乏一定的投资经验，与职业的投资者相比，个体投资者对信息的分析能力、理解能力相对较低。同时，公司开展的套期保值业务涉及金融工具，由于金融工具及其套期保值业务具有一定程度的复杂性，个体投资者对其了解程度相对不足，对公司披露的与之相关的风险信息的分析能力相对较低，不利于其作出比较恰当的投资判断。基于此，一方面，监管部门有必要通过投资者教育等方式，开设相关专栏为个体投资者讲解、分析相关的套期保值业务，帮助其理解公司披露的与套期保值相关的风险信息，提高其对此类信息的分析和决策能力；另一方面，个体投资者自身也应通过多种渠道，比如参加相关投资辅导课程、查阅新闻资讯信息等方式，增加对金融工具方面的了解，丰富自身的投资经验，提高自身对公司披露的套期保值相关风险信息的分析能力，更有针对性地“看穿”公司披露的风险信息的实质，正确地评价公司套期保值的效果以及相关风险减轻的程度，作出比较合理、妥当的投资判断。

第二节　研究局限性及未来研究方向

本书采用实验研究方法检验了被套期项目及其套期工具的风险信息披露内容、形式对投资者判断的影响，得到了一些有价值的研究结论。但同时我们注意到，本书还存在一些不足之处，这些不足也为未来的研究提供了研究机会。

一、研究局限性

本书主要存在以下几方面的不足。

（一）研究结果在不同类型投资群体中的普遍适应性

本书主要关注风险信息披露对个体投资者判断的影响，个体投资者信息处理过程与职业投资者有所不同。麦恩斯和麦克丹尼尔（2000）表明，由于个体投资者缺乏投资专业知识，他们可能依赖于不完善（ill-defined）

的估值模型做出判断和决策。弗雷德里克森和米勒（2004）的研究结果发现，职业分析师使用定义明确的（well-defined）估值模型评价股价，以现金流或盈余倍数为估值基础；个体投资者却使用简单的、启发法基础的估值模型，基于先前的估计来调整当期的股价判断。基于公司经营过程中面临的风险的复杂性，具有较多专业知识或投资经验的投资者对风险信息考察的侧重点可能是不同的，对其投资判断可能产生不同的影响。本书没有考察套期保值背景下风险信息披露对职业投资者的影响。

同时，本书主要关注被套期项目及其套期工具的风险信息披露内容、形式对潜在投资者做出的风险判断和投资决策的影响，但按不同标准可以将投资者分为不同的类型，比如按是否持有股票可以将投资者分为当前投资者和潜在投资者；按投资期限的不同，可以将投资者分为短期投资者和长期投资者；按投资经验的不同，可以将投资者分为老练投资者和非老练投资者；按持有股票目的的不同，可以将投资者分为多头投资者和空头投资者等情况。已有的研究也发现，不同类型的投资者做出的投资判断可能是不同的，比如有学者研究了语言情绪、可读性对老练投资者和非老练投资者的盈余判断将产生不同的影响（Tan et al.，2014）；也有研究表明，多头投资者与空头投资者在信息搜索、判断过程中呈现出不同的方向性偏好（Hales，2007；Han and Tan，2010；Thayer，2011；Hales et al.，2011）；怀特（White，2013）研究发现，短期投资者和长期投资者对不确定性信息的敏感性是不同的；哈里斯等（Harris et al.，2013）研究发现，当前投资者比潜在投资者更可能表现出盈余锁定的行为。本书没有进一步研究风险信息对不同类型投资者的影响。

（二）未考虑风险信息披露的其他内容形式对投资者判断的影响

本书主要研究了被套期项目及其套期工具的风险信息内容、形式对投资者判断的影响，其中，风险信息内容主要涉及损益信息内容，风险信息形式主要涉及是否披露套期保值后的净风险信息。风险信息披露的其他内容、形式可能也会对投资者的判断产生影响。例如，从披露内容上看，无论是SEC、IASB还是我国的会计准则中，都要求公司对与金融工具相关的风险信息做出定量分析和定性分析，比如，定性信息包括公司披露其风险管理目标、管理风险策略、所使用的衍生工具类型以及会计政策等，定量信息包括披露相关风险变量发生合理、可能的变动时对公司业绩的影响等，本书没有考察定性信息披露与定量信息披露的差异，只是从定量的角度考察。从披露的形式上看，SEC 规定公司可以使用三种形式披露市场风险，分别为敏感性分析、Var 和列表形式，本书只研究了敏感性分析形式下的风险信息披露状况，VAR、列表形式没有考察。本书未能考虑其他方面的风险信息披露内容、形式对投资者判断和决策的影响。

（三）未考虑其他背景的风险信息对投资者判断的影响

本书主要基于套期保值的背景研究风险信息披露对投资者判断的影响，除此之外，公司在其经营过程中，还面临许多其他方面的风险，比如财务风险、经营风险、技术风险、管理风险、政策性风险等。我国证监会颁布的《公开发行证券的公司信息披露内容与格式准则第 1 号——招股说明书》中规定，发行人应当披露一些风险因素，比如市场前景、行业经营环境、经营业绩波动以及内部控制有效性不足风险等。我国证监会颁布的《公开发行证券的公司信息披露内容与格式准则第 2 号——年度报告的内容与格式》中也规定，公司应当披露如政策性风险、行业风险、经营风险、汇率风险、利率风险、原材料价格及供应风险等可能对公司产生不利影响的重大风险因素。这些风险因素不同于或不限于本书涉及的套期保值背景下的相关风险因素，本书未能考虑其他风险信息对投资者判断的影响。

二、未来研究方向

基于本书存在的研究局限性，以下几方面可能是未来的研究方向。

（一）关于风险信息对不同类型投资群体影响方面

本书主要研究了被套期项目及其套期工具的风险信息披露内容、形式对未持有股票的潜在个体投资者作出的风险判断和投资决策的影响。根据不同的分类标准，投资者可以分为不同的类型，未来的研究可以考察风险信息对不同类型投资者投资判断的影响，比如考察多头与空头投资者、短期与长期投资者等作出的风险信息判断是否会有所不同，进一步证实我们研究结果的普遍适应性以及不同类型投资群体对风险信息判断的差异性。

（二）关于风险信息披露的其他内容形式方面

风险信息的内容、形式还包括一些其他的分类，未来的研究可以考察风险信息其他内容、形式对投资者判断的影响，比如考察定性信息与定量信息内容对投资者判断的影响，市场风险信息披露的敏感性分析形式、Var 形式和列表形式对投资者判断的影响等，进一步丰富风险信息内容、形式影响方面的研究文献，有助于我们更全面地理解风险信息披露内容、形式对投资者判断的影响。

（三）关于其他背景的风险信息披露方面

除本书研究的与金融工具相关套期保值背景下的风险信息披露外，公司还会披露一些其他方面的风险信息，比如财务风险信息、经营风险信息、政策性风险信息、内部控制风险信息等，未来的研究可以立足于其他风险信息披露背景，检验风险信息披露对投资者判断的影响，比如检验内部控制有效性信息披露、财务风险信息披露等对投资者判断的影响，进一步丰富不同背景的风险信息披露影响方面的研究文献，有助于我们更深入地了解公司披露的风险信息的影响。

参考文献

[1] 戴维·迈尔斯．社会心理学［M］．张志勇等译．北京：人民邮电出版社，2006.

[2] 丹尼尔·卡尼曼，保罗·斯洛维奇，阿莫斯·特沃斯基．不确定状况下的判断：启发式和偏差［M］．方文等译．北京：中国人民大学出版社，2008.

[3] 窦登奎，卢永真．我国企业运用衍生金融工具套期保值的调查研究［J］．国有资产管理，2010，12：30－33.

[4] 葛家澍，占美松．企业财务报告分析必须着重关注的几个财务信息——流动性、财务适应性、预期现金净流入、盈利能力和市场风险［J］．会计研究，2008，5：3－9.

[5] 郭秀艳．实验心理学［M］．北京：人民教育出版社，2004.

[6] 雷英，吴建友．商业银行市场风险披露对使用者的决策影响研究［J］．会计研究，2009，3：39－46.

[7] 刘永泽，孙翯．我国上市公司公允价值信息的价值相关性——基于企业会计准则国际趋同背景的经验研究［J］．会计研究，2011，2：16－22.

[8] 邵志芳．认知心理学：理论、实验和应用［M］．上海：上海教育出版社，2006.

[9] 舒华，张亚旭．心理学研究方法［M］．北京：人民教育出版社，2008.

[10] 孙丽影，杜兴强．公允价值信息披露的管制安排［J］．会计研究，2008，11：29－34.

[11] 王立彦，刘红霞．上市公司境内外会计信息披露规则的执行偏差——来自A－H股公司双重财务报告差异的证据［J］．经济研究，2003，11：71－78.

[12] 王守海，张晖，陈作华，高媛．会计准则与金融监管规则协调研究：理论基础、评价标准与政策建议［J］．会计研究，2018（3）：12－18.

[13] 王莹心．个人投资者交易比例提升：美股市场结构变迁及启示［J］．证券市场导报，2021（5）：45－55.

[14] 威廉·R．斯科特．财务会计理论［M］．陈汉文，夏文贤，陈靖等译．北京：机械工业出版社，2006.

[15] 温忠麟，侯杰泰，张雷．调节效应与中介效应的比较和应用［J］．心理学报，2005，37（2）：268－274.

[16] 温忠麟，张雷，侯杰泰，刘红云．中介效应检验程序及其应用［J］．心理学报，2004，36（5）：614－620.

[17] 肖成民，吕长江．利润操纵行为影响会计稳健性吗——基于季度盈余不同汇总方法的经验证据［J］．会计研究，2010，9：17－24.

[18] 徐经长，曾雪云．综合收益呈报方式与公允价值信息含量——基于可供出售金融资产的研究［J］．会计研究，2013，1：20－27.

[19] 颜延．会计报表中衍生产品的信息披露研究——美国的经验与启示［J］．会计研究，2013，4：32－37.

[20] 张继勋．审计判断研究［M］．大连：东北财经大学出版社，2002.

[21] 张继勋．会计和审计中的实验研究方法［M］．天津：南开大学出版社，2008.

[22] 张继勋，韩冬梅．标准审计报告改进与投资者感知的相关性、有用性及投资决策——一项实验证据［J］．审计研究，2014，3：51－59.

[23] 张继勋，何亚南．内部控制审计意见类型与个体投资者对无保留财务报表审计意见的信［J］．审计研究，2013，4：93－100.

[24] 张继勋，何亚南．资产减值的可转回性、管理层责任与管理层的投资决策——一项实验证据［J］．南开管理评论，2014，4：78－87.

[25] 张继勋，刘文欢．投资倾向、内部控制重大缺陷与投资者的投资判断——基于个体投资者的实验研究［J］．管理评论，2014，26（3）：19－30.

[26] 张继勋，刘文欢．行业现金分红压力、股价波动与现金分红决

策［J］. 现代财经，2014，3：65－74.

［27］张继勋，张丽霞. 会计估计的准确性、行业共识信息与个体投资者的决策［J］. 南开管理评论，2012，3：101－109.

［28］张继勋，周冉，孙鹏. 内部控制披露、审计意见、投资者的风险感知和投资决策：一项实验证据［J］. 会计研究，2011，9：66－73.

［29］张丽霞，张继勋. IASB 新提议的金融负债公允价值变动损益列报形式能够消除反直觉效应及投资判断偏误吗［J］. 会计研究，2013，12：3－10.

［30］郑名川，徐翠萍. 衍生金融工具风险信息的 VaR 披露模式［J］. 会计研究，2002，7：49－53.

［31］郑全全. 社会认知心理学［M］. 杭州：浙江教育出版社，2008.

［32］中国证监会. 中国资本市场发展报告［R］. 北京：中国金融出版社，2008.

［33］中华人民共和国财政部. 企业会计准则第 24 号：套期保值［S］. 北京：财政部，2014.

［34］中华人民共和国财政部. 企业会计准则第 37 号：金融工具［S］. 北京：财政部，2014.

［35］中华人民共和国证券监督委员会. 公开发行证券的公司信息披露内容与格式准则第 2 号——年度报告的内容与格式［S］. 北京：证监会，2012.

［36］中国证券登记结算有限责任公司. 业务统计月报［R］. 上海：中国证券登记结算有限责任公司，2007. 12－2008. 3.

［37］Abarbanell J S，Bernard V L. Tests of analysts' overreaction/underreaction to earnings information as an explanation for anomalous stock price behavior［J］. *Journal of Finance*，1992，47（3）：1181－1207.

［38］Adam T，Fernando C. Hedging，speculation，and shareholder value［J］. *Journal of Financial Economics*，2006，81（2）：283－309.

［39］Ahmed A S，Beatty A，Bettinghaus B. Evidence on the efficacy of market risk disclosures by commercial banks［J］. *The International Journal of*

Accounting, 2004, 39 (3): 223 -251.

[40] Ahmed A S, Kilic E, Lobo G J. Effects of sfas 133 on the risk relevance of accounting measures of banks' derivative exposures [J]. *The Accounting Review*, 2011, 86 (3): 769 -804.

[41] Allais M. Le Comportement de L'homme Rationnel Devant le Risque: Critique des Postulats et Axiomes de L'ecole Americane [J]. *Econometrica*, 1953, 21: 503 -546.

[42] Allayannis G, Weston J. The use of foreign currency derivatives and firm market value [J]. *Review of Financial Studies*, 2001, 14 (1): 243 -276.

[43] American Institute of Certified Public Accountants (AICPA), Accounting Standards Executive Committee. Statement of Position No 94 -6: Disclosure of Certain Significant Risks and Uncertainties [S]. New York, NY: AICPA, 1994.

[44] Arditti F. Risk and the required return on equity [J]. *Journal of Finance*, 1967, 22 (1): 19 -36.

[45] Ball R. The Earnings - Price Anomaly [J]. *Journal of Accounting and Economics*, 1992, 15 (2): 319 -345.

[46] Barclays and the Association of Corporate Treasurers (Act). Global Corporate Risk Management [EB/OL]. http: //www. treasurers. org/thetreasurer, 2012/2014 -06 -15.

[47] Bachiller P, Boubaker S, Mefteh - wali S. Financial derivatives and firm value: What have we learned [J]? *Finance Research Letters*, 2021, 39: 101573.

[48] Banda W. An integrated framework comprising of AHP, expert questionnaire survey and sensitivity analysis for risk assessment in mining projects [J]. *International Journal of Management Science and Engineering Management*, 2021, 14 (3): 180 -192.

[49] Baron R, Kenny D. The moderator-mediator variable distinction in social psychological research: conceptual, strategic and statistical considerations [J]. *Journal of Personality and Social Psychology*, 1986, 51: 1173 -1182.

[50] Barth M, Elliott J, Finn M. Market rewards associated with patterns of increasing earnings [J]. *Journal of Accounting Research*, 1999, 37 (2): 387 -413.

[51] Bartram S M. Corporate hedging and speculation with derivatives [J]. *Journal of Corporate Finance*, 2019, 57: 9 -34.

[52] Bartram S M, Brown G W, Conrad J. The effects of derivatives on firm risk and value [J]. *Journal of Financial and Quantitative Analysis*, 2011, 46 (4): 967 -999.

[53] Bartram S M, Brown G W, Fehle F R. International evidence on financial derivatives usage [J]. *Financial Management*, 2009, 38 (1): 185 -206.

[54] Beaver W H. *Financial Reporting: An Accounting Revolution* [M]. Upper Saddle River, NJ: Prentice Hall, 1998.

[55] Bettman J R, Staelin J W, Payne R. Cognitive considerations in designing effective labels for presenting risk information [J]. *Journal of Marketing and Public Policy*, 1986, 5: 1 -28.

[56] Bloomfield R, Hodge F D, Hopkins P, et al. Does enhanced disaggregation and cohesive classification of financial information help credit analysts identify firms' operating structures. Working paper, 2012.

[57] Bodnar G, Gebhardt G. Derivatives usage in risk management by us and german non-financial firms: a comparative survey [J]. *Journal of International Financial Management and Accounting*, 1999, 10: 153 -187.

[58] Bodnar G, Hayt G, Marston R. Wharton survey of financial risk management by US nonfinancial firms [J]. *Financial Management*, 1998, 27 (4): 70 -91.

[59] Bonner S, Clor -proell S, Koonce L. Mental accounting and disaggregation based on the sign and relative magnitude of income statement items [J]. *Accounting Review*, 2014, Forthcoming.

[60] Bouwman M. *The Use of Accounting Information: Expert vs. novice behavior* [M]. Boston, MA: Kent, 1982: 134 -167.

[61] Buffett W. Avoiding a "Mega – Catastrophe" [J]. *Fortune*, 2003, March (17): 82 – 87.

[62] Campbell D T, Stanley J C. *Experimental and Quasi-experimental Designs for Research* [M]. Chicago, IL: Rand McNally and Company, 1966.

[63] Chaiken S. Heuristic versus systematic information processing and the use of source versus message cues in persuasion [J]. *Journal of Personality and Social Psychology*, 1980, 39: 752 – 766.

[64] Chaiken S, Liberman A, Eagly A H. *Heuristic and Systematic Processing Within and Beyond the Persuasion Context* [M]. New York, NY: Guilford, 1989: 212 – 252.

[65] Chartered Financial Analyst Institute (CFA Institute). User Perspectives on Financial Instrument Risk Disclosures under International Financial Reporting Standards: Volume 1 [R]. Charlottesville, VA, 2011.

[66] Chartered Financial Analyst Institute (CFA Institute). User Perspective on Financial Instruments Risk Disclosures under IFRS—Derivatives and Hedging Activities Disclosures [R]. Charlottesville, VA, 2013.

[67] Chen W, Tan H T, Wang E. Fair Value Accounting and Managers' Hedging Decisions [J]. *Journal of Accounting Research*, 2013, 51 (1): 67 – 103.

[68] Clor – proell S M, Proell C A, Warfield T D. The effects of presentation salience and measurement subjectivity on nonprofessional investors' fair value judgments [J]. *Contemporary Accounting Research*, 2014, 31 (1): 45 – 66.

[69] Coombs C. Portfolio theory and the measurement of risk. In: Kaplan M, Schwartz S, eds. *Human Judgment and Decision* [M]. New York, NY: Academic Press, 1975: 63 – 68.

[70] Covello V T, Merkhofer M W. *Risk assessment: Method and approaches for quantifying health and environmental risks* [M]. Boston: Houghton Mifflin, 1993.

[71] Cox C. The Interactive Data Revolution: Improved Disclosure for Investors, Less Expensive Reporting for Companies [N]. Remarks in Washington

D. C., 2006, May 30.

[72] Cutter S. *Environmental Risks and Hazards* [M]. Englewood, NJ: Prentice Hall, 1994.

[73] Dawes R. Linear models in decision making [J]. *Psychological Bulletin*, 1974, 81 (2): 95 - 106.

[74] Debondt W F, Thaler R H. Does the stock market overreact [J]. *Journal of Finance*, 1985, 40 (3): 793 - 807.

[75] Debondt W F. Further evidence on investor overreaction and stock market seasonality [J]. *Journal of Finance*, 1987, 42 (3): 557 - 581.

[76] Debondt W F. Do security analysts overreact [J]. *The American Economic Review*, 1990, 80 (2): 52 - 57.

[77] Demarzo P M, Duffie D. Corporate financial hedging with proprietary information [J]. *Journal of Economic Theory*, 1991, 53 (2): 261 - 286.

[78] Demarzo P M, Duffie D. Corporate incentives for hedging and hedge accounting [J]. *Review of Financial Studies*, 1995, 8 (3): 743 - 771.

[79] Dietrich J R, Kachelmeier S J, Kleinmuntz D N, et al. Market efficiency, bounded rationality, and supplemental business reporting disclosures [J]. *Journal of Accounting Research*, 2001, 39 (2): 243 - 268.

[80] Dreman D. *Contrarian Investment Strategies* [M]. New York, NY: Simon and Schuster, 1998.

[81] Einhorn H J, Hogarth R M. Behavioral Decision Theory: Processes of Judgment and Choice [J]. *Annual Review of Psychology*, 1981, 32: 53 - 88.

[82] Eilifsen A, Hamilton E L, Messier W F. The importance of quantifying uncertainty: Examining the effects of quantitative sensitivity analysis and audit materiality disclosures on investors' judgments and decisions [J]. *Accounting, Organizations and Society*, 2021 (90): 101 - 169.

[83] Elliott W B. Are investors influenced by pro forma emphasis and reconciliations in earnings announcements [J]? *The Accounting Review*, 2006, 81 (1): 113 - 133.

[84] Elliott W B, Grant S M, Rennekamp K M. How disclosure features

of corporate social responsibility reports interact with investor numeracy to influence investor judgments. Working Paper, 2014.

[85] Elliott W B, Hobson J L, Jackson K E. Disaggregating management forecasts to reduce investors' susceptibility to earnings fixation [J]. *The Accounting Review*, 2011, 86 (1): 185 -208.

[86] Elliott W B, Hodge F D, Kennedy J, et al. Are M. B. A. students a good proxy for nonprofessional investors [J]. *The Accounting Review*, 2007, 82 (1): 139 -168.

[87] Elliott W B, Hodge F D, Sendor L M. Using online video to announce a restatement: influences on investment decisions and the mediating role of trust [J]. *The Accounting Review*, 2012, 87 (2): 513 -535.

[88] Elliott W B, Jackson K E, Smith S D. Sensitivity disclosures in financial reporting: the effect of hypothetical changes on investors' judgments. Working Paper, 2010.

[89] Elliott W B, Jackson K E, Peecher M E, et al. The unintended effect of corporate social responsibility performance on investors' estimates of fundamental value [J]. *The Accounting Review*, 2014, 89 (1): 275 -302.

[90] Elmy F, Leguyader L, Linsmeier T. A review of initial filings under the SEC's new market risk disclosure rules [J]. *Journal of Corporate Accounting and Finance*, 1998, 9 (4): 33 -45.

[91] Fama E F. Market efficiency, long-term returns, and behavioral finance [J]. *Journal of Financial Economics*, 1998, 49 (3): 283 -306.

[92] Farrelly G E, Ferris K R, Reichenstein W R. Perceived risk, market risk, and accounting determined risk measures [J]. *The Accounting Review*, 1985, 60 (April): 278 -288.

[93] Farrelly G E, Reichenstein W R. Risk perceptions of institutional investors [J]. *The Journal of Portfolio Management*, 1984, 10 (4): 5 -12.

[94] Financial Accounting Standards Board (FASB). Fair value measurement (Topic 820): Amendments to achieve common fair value measurement and disclosure requirements in U. S. GAAP and IFRSs [S]. Accounting Stand-

ards Update 2011 -04. Norwalk, CT: FASB, 2011.

[95] Financial Accounting Standards Board (FASB). Receivables (Topic 310): Disclosures about the credit quality of financing receivables and the allowance for credit losses [S]. Accounting Standards Update 2010 - 20. Norwalk, CT: FASB, 2010.

[96] Financial Accounting Standards Board (FASB). Statement of Financial Accounting Standards No. 5: Accounting For Contingencies [S]. Norwalk, CT: FASB, 1975.

[97] Financial Accounting Standards Board (FASB). Statement of Financial Accounting Standards No. 105: Disclosure of Information about Financial Instruments with Off - Balance - Sheet Risk and Financial Instruments with Concentrations of Credit Risk [S]. Norwalk, CT: FASB, 1990.

[98] Financial Accounting Standards Board (FASB). Statement of Financial Accounting Standards No. 106: Employers' Accounting for Postretirement Benefits Other Than Pensions [S]. Norwalk, CT: FASB, 1990.

[99] Financial Accounting Standards Board (FASB). Statement of Financial Accounting Standards No. 107: Disclosure about Fair Value of Financial Instruments [S]. Norwalk, CT: FASB, 1991.

[100] Financial Accounting Standards Board (FASB). Statement of Financial Accounting Standards No. 107: Disclosure about Derivative Financial Instruments and Fair Value of Financial Instruments [S]. Norwalk, CT: FASB, 1994.

[101] Financial Accounting Standards Board (FASB). Statement of Financial Accounting Standards No. 133: Accounting for Derivative Instruments and Hedging Activities [S]. Norwalk, CT: FASB, 1998.

[102] Financial Accounting Standards Board (FASB). Statement of Financial Accounting Standards No. 140: Accounting for Transfers and Servicing of Financial Assets and Extinguishments of Liabilities [S]. Norwalk, CT: FASB, 2000.

[103] Financial Accounting Standards Board (FASB). Statement of Fi-

nancial Accounting Standards No. 157: Fair Value Measurement [S]. Norwalk, CT: FASB, 2006.

[104] Financial Accounting Standards Board (FASB). Statement of Financial Accounting Standards No. 161: Accounting for Derivative Instruments and Hedging Activities [S]. Norwalk, CT: FASB, 2008.

[105] Financial Accounting Standards Board and International Accounting Standards Board (FASB/IASB). Analyst Field Test Results [S]. Norwalk, CT: FASB/IASB, 2009.

[106] Fischhoff B. Risk perception and communication unplugged: Twenty years of progress [J]. *Risk Analysis*, 1995, 15 (2): 137-145.

[107] Fischhoff B, Litchenstein S, Slovic P, et al. *Acceptable Risk* [M]. New York, NY: Cambridge University Press, 1981.

[108] Fischhoff P, Slovic P, Lichtenstein S. Fault trees: Sensitivity of estimated failure probabilities to problem representation [J]. *Journal of Experimental Psychology: Human Perception and Performance*, 1978, 4 (2): 330-344.

[109] Fox C R, Rogers B A, Tversky A. Options Traders Exhibit Subadditive Decision Weights [J]. *Journal of Risk and Uncertainty*, 1996, 13: 5-17.

[110] Frederickson J R, Miller J S. The effects of pro forma earnings disclosures on analysts' and nonprofessional investors' equity valuation judgments [J]. *The Accounting Review*, 2004, 79 (3): 667-686.

[111] Froot K, Scharfstein D, Stein J. Risk management: coordinating corporate investment and financing policies [J]. *The Journal of Finance*, 1993, 48 (5): 1629-1658.

[112] Fu H, Tan H T, Zhang J. Effect of auditor negotiation experience and client negotiating style on auditors' judgments in an auditor-client negotiation context [J]. *Auditing: A Journal of Practice & Theory*, 2011, 30 (3): 225-237.

[113] Gaynor L M, Mcdaniel L, Yohn T L. Fair value accounting for liabilities: The role of disclosures in unraveling the counterintuitive income state-

ment effect from credit risk changes [J]. *Accounting, Organizations and Society*, 2011, 36: 125 - 134.

[114] Gebhardt W R, Lee C M C, Swaminathan B. Toward an implied cost of capital [J]. *Journal of Accounting Research*, 2001, 39 (1): 135 - 176.

[115] Guay W. The impact of derivatives on firm risk: An empirical examination of new derivatives' users [J]. *Journal of Accounting and Economics*, 1999, 26 (1): 319 - 351.

[116] Guay W, Kothari S P. How much do firms hedge with derivatives [J]. *Journal of Financial Economics*, 2003, 70: 423 - 461.

[117] Hales J. Directional preferences, information processing, and investors' forecasts of earnings [J]. *Journal of Accounting Research*, 2007, 45 (3): 607 - 628.

[118] Hales J, Kuang X J, Venkataraman S. Who believes the hype? An experimental examination of how language affects investor judgments [J]. *Journal of Accounting Research*, 2011, 49 (1): 223 - 255.

[119] Hales J, Venkataraman S, Wilks T J. Accounting for lease renewal options: the informational effects of unit of account choices [J]. *The Accounting Review*, 2012, 87 (1): 173 - 197.

[120] Hampel J. Different concepts of risk. A chanllenge for risk communication [J]. *International Journal of Medical Microbiology*, 2006, 296 (1): 5 - 10.

[121] Han J, Tan H T. Investors' reactions to management earnings guidance: The joint effect of investment position, news valence, and guidance form [J]. *Journal of Accounting Research*, 2010, 48 (1): 81 - 104.

[122] Hand J R M. A test of the extended functional fixation hypothesis [J]. *The Accounting Review*, 1990, 65 (4): 740 - 763.

[123] HE G, Ren H M, Taffler R. Do enhanced derivative disclosures work? An informational perspective [J]. *Journal of Futures Markets*, 2022, 42 (1): 24 - 60.

[124] HE Y, Tan H, Yeo F, et al. When Do Qualitative Risk Disclo-

sures Backfire? The Effects of a Mismatch in Hedge Disclosure Formats on Investors' Judgments [J]. *Contemporary Accounting Research*, 2019, 36 (4): 2093-2112.

[125] Heisler J. Loss aversion in a futures market: An empirical test [J]. *Review of Futures Markets*, 1994, 13: 793-822.

[126] Hentschel L, Kothari S. Are corporations reducing or taking risks with derivatives [J]. *Journal of Financial and Quantitative Analysis*, 2001, 36 (1): 93-118.

[127] Higgins E T, Bargh J A, Lombardi W. Nature of priming effects on categorization [J]. *Journal of Experimental Psychology - Learning Memory and Cognition*, 1985, 11: 5969.

[128] Higgins E T, King G A. *Accessibility of Social Constructs: Information Processing Consequences of Individual and Contextual Variability* [M]. Hillsdale NJ: L. Erlbaum Associates, 1981.

[129] Hirst D E, Hopkins P. Comprehensive income reporting and analysts' valuation judgments [J]. *Journal of Accounting Research*, 1998, 36 (3): 47-75.

[130] Hirst D E, Koonce L, Venkataraman S. How disaggregation enhances the credibility of management earnings forecasts [J]. *Journal of Accounting Research*, 2007, 45 (4): 811-837.

[131] Hobson J L, Kachelmeier S J. Strategic disclosure of risky prospects: a laboratory experiment [J]. *The Accounting Review*, 2005, 80 (3): 825-846.

[132] Hodder L, Koonce L, Mcanally M. SEC market risk disclosures: Implications for judgment and decision making [J]. *Accounting Horizons*, 2001, 15 (1): 49-70.

[133] Hogarth R M. Accounting for decisions and decisions for accounting [J]. *Accounting, Organizations and Society*, 1993, 18 (5): 407-424.

[134] Hogarth R M. *Judgment and Choice* [M]. Chicester, England: John Wiley and Sons, 1987.

[135] Hunton J E, Mcewen R A. An assessment of the relation between analysts' earnings forecast accuracy, motivational incentives, and cognitive information search strategy [J]. *The Accounting Review*, 1997, 72 (4): 497-516.

[136] International Accounting Standards Board (IASB). International Accounting Standard No. 1: Presentation of Financial Statements [S]. London, U. K.: IASB, 2009.

[137] International Accounting Standards Board (IASB). International Financial Reporting Standards No. 7: Financial Instruments: Disclosures [S]. London, U. K., IASB, 2010.

[138] International Accounting Standards Board (IASB). International Financial Reporting Standard No. 9: Financial Instruments [S]. London, U. K., IASB, 2013.

[139] International Accounting Standards Board (IASB). International Accounting Standard No. 39: Financial Instruments: Recognition and Measurement [S]. London, U. K., IASB, 2004.

[140] International Accounting Standards Board (IASB). International Financial Reporting Standards Practice Statement Management Commentary [S]. London, U. K.: IASB, 2010.

[141] International Swaps and Derivatives Association (ISDA). Over 94% of the World's Largest Companies Use Derivatives to Help Manage Their Risks, according to ISDA Survey [R]. New York, US: 2009.

[142] Johnson L L. The theory of hedging and speculation in Commodity Futures [J]. *Review of Economic Studies*, 1960, 27: 139-151.

[143] Jorgensen B, Kirschenheiter M. Discretionary risk disclosures [J]. *The Accounting Review*, 2003, 78 (2): 449-469.

[144] Kahneman D, Tversky A. Prospect Theory: An analysis of decision under risk [J]. *Econometrica*, 1979, 47 (2): 263-292.

[145] Kennedy J, Mitchell T, Sefcik S E. Disclosure of contingent environmental liabilities some unintended consequences [J]. *Journal of Accounting*

Research, 1998, 36 (2): 257-277.

[146] Kerlinger F N. *Foundation of Behavioral Research: Educational and Psychological Inquiry* [M]. New York: Holt, Rinehart and Winston, 1973.

[147] KIM J, Wang J J, Zhang E X. Does Real Earnings Smoothing Reduce Investors' Perceived Risk? [M]. *Journal of Business Finance & Accounting*, 2022, 48 (9-10): 1560-1595.

[148] Kleinmuntz D N, Fennema M, Peecher M. Conditioned assessment of subjective probabilities: Identifying the benefits of composition [J]. *Organizational Behavior and Human Decision Processes*, 1996, 66: 1-15.

[149] Kleinbaum D N, Kupper L, Morgensten H. *Epidemiologic Research: principles and quantitative methods* [M]. Belmont, CA: Lifetime Learning Publications, 1982.

[150] Kleinmuntz D N, Schkade D A. Information displays and decision processes [J]. *Psychological Science*, 1993, 4: 221-227.

[151] Koonce L, Lipe M G, Mcanally M L. Judging the risk of financial instruments: problems and potential remedies [J]. *The Accounting Review*, 2005b, 80: 871-895.

[152] Koonce L, Lipe M G, Mcanally M L. Investor reactions to derivative use and outcomes [J]. *Review of Accounting Studies*, 2008, 13: 571-597.

[153] Koonce L, Mcanally M L, Mercer M. How do investors judge the risk of financial items [J]. *The Accounting Review*, 2005a, 80: 221-241.

[154] Koonce L, Mercer M. Using psychology theories in archival financial accounting research [J]. *Journal of Accounting Literature*, 2005, 24: 175-214.

[155] Koonce L, Miller J, Winchel J. The effects of norms on investor reactions to derivative use [J]. *Contemporary Accounting Research*, 2014, Forthcoming.

[156] Koonce L, Nelson K K, Shakespeare C M. Judging the relevance of fair value for financial instruments [J]. *The Accounting Review*, 2011, 86

(6): 2075 - 2098.

[157] Koonce L, Williamson M G, Winchel J. Consensus Information and Nonprofessional Investors' Reaction to the Revelation of Estimate Inaccuracies [J]. *The Accounting Review*, 2010, 85 (3): 979 - 1000.

[158] Koonce L, Leitter Z, White B J. Linked balance sheet presentation [J]. *Journal of Accounting and Economics*, 2019, 68 (1): 101 - 237.

[159] Kothari S P. Capital markets research in accounting [J]. *Journal of Accounting and Economics*, 2000, 31: 105 - 231.

[160] Kraus A, Litzenberger R. Skewness preference and the valuation of risk assets [J]. *Journal of Finance*, 1976, 31 (4): 1085 - 1100.

[161] Kunreuther H, Ginsburg R, Miller L, et al. *Disaster Insurance Protection: Public Policy Lessons* [M]. New York, NY: John Wiley and Sons, 1978.

[162] Levin I P, Schneider S L, Gaeth G J. All Frames Are Not Created Equal: A Typology and Critical Analysis of Framing Effects [J]. *Organizational Behavior and Human Decision Processes*, 1998, 76: 149 - 188.

[163] Libby R, Bloomfield R, Nelson M. Experimental research in financial accounting [J]. *Accounting, Organizations and Society*, 2002, 27 (8): 777 - 812.

[164] Libby R, Brown T. Financial statement disaggregation decisions and auditors' tolerance for misstatement [J]. *The Accounting Review*, 2013, 88 (2): 641 - 665.

[165] Libby R, Emett S A. Earnings presentation effects on manager reporting choices and investor decisions [J]. *Accounting and Business Research*, 2014, 44 (4): 410 - 438.

[166] Libby R, Luft J. Determinants of judgment performance in accounting settings: ability, knowledge, motivation, and environment [J]. *Accounting, Organizations and Society*, 1993, 18 (5): 425 - 450.

[167] Libby R, Nelson M W, Hutton J. Recognition vs. disclosure, auditor tolerance for misstatement, and the reliability of stock compensation and

lease information [J]. *Journal of Accounting Research*, 2006, 44 (3): 533 - 560.

[168] Lin B X, Lin C M. SEC FRR No. 48 and analyst forecast accuracy [J]. *Applied Economics Letters*, 2017, 24 (6): 427 -432.

[169] Lin C M, Owens W L, Owers J E. The association between market risk disclosure reporting and firm risk: the impact of SEC FRR NO. 48 [J]. *The Journal of Applied Business Research*, 2010, 26 (4): 35 -46.

[170] Linsley P M, Shrives P J. Examining Risk Reporting in UK Public Companies [J]. *Journal of Risk Finance*, 2005, 6 (4): 292 -306.

[171] Linsley P M, Shrives P J, Crumpton M. Risk Disclosure: An exploratory study of UK and Canadian Banks [J]. *Journal of Banking Regulation*, 2006, 7 (3 -4): 268 -283.

[172] Linsmeier T J, Pearson N. Quantitative disclosures of market risk in the SEC Release [J]. *Accounting Horizons*, 1997, 11: 107 -135.

[173] Linsmeier T J, Thornton D B, Venkatachalam M, et al. The effect of mandated market risk disclosures on trading volume sensitivity to interest rate, exchange rate, and commodity price movements [J]. *The Accounting Review*, 2002, 77 (2): 343 -377.

[174] Lipe M G. Individual investors' risk judgments and investment decisions: The impact of accounting and market data [J]. *Accounting, Organizations and Society*, 1998, 23 (7): 625 -640.

[175] Lobo G J, Siqueira W Z, Tam K, et al. Does SEC FRR No. 48 disclosure communicate risk management effectiveness [J]? *Journal of Accounting and Public Policy*, 2019, 38 (6): 106696.

[176] Loewenstein G, Weber E, Hsee C, et al. Risk as feelings [J]. *Psychological Bulletin*, 2001, 127 (2): 267 -286.

[177] Loomis C. Untangling the derivatives mess [J]. *Fortune*, 1995, March 20: 50 -68.

[178] Lopes L. Risk and distributional inequity [J]. *Journal of Experimental Psychology: Human Perception and Performance*, 1984, 26: 465 -485.

[179] Luce D, Weber E. An axiomatic theory of conjoint, expected risk [J]. *Journal of Mathematical Psychology*, 1986, 30: 188 -205.

[180] Lupton D. *Risk and Socio Cultural theory: New directions and perspectives* [M]. Cambridge: Cambridge University Press, 1999.

[181] Maines L A, Mcdaniel L. Effects of comprehensive-income characteristics on non-professional investors' judgments: The role of financial statement presentation format [J]. *The Accounting Review*, 2000, 75 (2): 179 -207.

[182] Maines L A, Wahlen J M. The nature of accounting information reliability: inferences from archival and experimental research [J]. *Accounting Horizons*, 2006, 20: 399 -425.

[183] March J G, Shapira Z. Managerial perspectives on risk and risk taking [J]. *Management Science*, 1987, 33 (11): 1404 -1418.

[184] Markowitz H. Foundations of portfolio theory [J]. *Journal of Finance*, 1991, 46 (2): 469 -477.

[185] Markowitz H. Portfolio selection [J]. *Journal of Finance*, 1952, 7 (1): 77 -91.

[186] Markowitz H. *Portfolio Selection* [M]. New York, NY: Wiley, 1959.

[187] Massa M, Zhang L. Does corporate hedging attract foreign institutional investors? Evidence from international firms [J]. *Journal of International Business Studies*, 2018, 49 (5): 605 -632.

[188] Mayo M. *Accounting Risk at Banks. Prudential Financial Conference Call Transcript.* February 1 [M]. New York, NY: Prudential Securities Incorporated, 2002.

[189] Mercer M. The fleeting effects of disclosure forthcomingness on management's reporting credibility [J]. *The Accounting Review*, 2005, 80 (2): 723 -744.

[190] Merkley K J, Bamber L S, Christensen T E. Detailed management earnings forecasts: do analysts listen [J]? *Review of Accounting Studies*, 2013 (18): 479 -521.

[191] Meyer D E, Schvaneveldt R W. Facilitation in recognizing pairs of words: Evidence of a dependence between retrieval operations [J]. *Journal of Experimental*, 1971, 90: 227 -234.

[192] Mian S L. Evidence on corporate hedging policy [J]. *Journal of Financial and Quantitative Analysis*, 1996, 31 (3): 419 -439.

[193] Mook D G. In defense of external invalidity [J]. *American Psychologist*, 1983, 38: 379 -387.

[194] Nance D R, Smith C W, Smithson C W. On the determinants of corporate hedging [J]. *Journal of Finance*, 1993, 48 (1): 267 -284.

[195] Neely J. *Semantic Priming Effects in Visual Word Recognition: A selective review of current findings and theories* [M]. Philadelphia, PA: Lawrence Erlbaum Associates, Inc. , 1991.

[196] Nelson J M, Moffitt J S, John A G. The impact of hedging on the market value of equity [J]. *Journal of Corporate Finance*, 2005, 11: 851 -881.

[197] Olsen R. Investment risk: the experts' perspective [J]. *Financial Analysts Journal*, 1997, 53 (2): 62 -66.

[198] Panaretou A, Shackleton M B, Taylor P A. Corporate Risk Management and Hedge Accounting [J]. *Contemporary Accounting Research*, 2013, 30 (1): 116 -139.

[199] Payne J W. Contingent Decision Behavior [J]. *Psychological Bulletin*, 1982, 92: 382 -402.

[200] Payne J W, Bettman J R, Johnson E J. *The Adaptive Decision Maker* [M]. New York, NY: Cambridge University Press, 1993.

[201] Petty R E, Cacioppo J T. *Communication and Persuasion: Central and Peripheral Routes to Attitude Change* [M]. New York, NY: Springer - Verlag, 1986.

[202] Pitt H. Remarks before the AICPA governing council [N]. Miami Beach: FL, 2001, October 22.

[203] Porta R L, Lakonishok J, Shleifer A, et al. Good news for value stocks: Further evidence on market efficiency [J]. *Journal of Finance*, 1997,

52 (2): 859 - 874.

[204] Purnanandam A. Financial distress and corporate risk management: Theory and Evidence [J]. *Journal of Financial Economics*, 2008, 87: 706 - 739.

[205] Rajgopal S. Early evidence on the informativeness of the sec's market risk disclosures: The case of commodity price risk exposure of oil and gas producers [J]. *The Accounting Review*, 1999, 74 (3): 251 - 280.

[206] Ranasinghe T, Sivaramakrishnan K, Yi L. Hedging, hedge accounting, and earnings predictability [J]. *Review of Accounting Studies*, 2022, 27 (1): 35 - 75.

[207] Riedl E J, Srinivasan S. Signaling firm performance through financial statement presentation: An analysis using special items [J]. *Contemporary Accounting Research*, 2010, 27 (1): 289 - 332.

[208] Rose J, Norman C, Rose A. Perceptions of investment risk associated with material control weakness pervasiveness and disclosure detail [J]. *The Accounting Review*, 2010, 85 (5): 1787 - 1807.

[209] Roulstone D. Effect of the SEC Financial Reporting Release NO. 48 on derivative and market risk disclosures [J]. *Accounting Horizons*, 1999, 13 (4): 343 - 363.

[210] Russo J. The value of unit price information [J]. *Journal of Marketing Research*, 1977, 14: 193 - 201.

[211] Russo R, Staelin C, Nolan G, et al. Nutrition information in the supermarket [J]. *Journal of Consumer Research*, 1986, 13 (1): 48 - 70.

[212] Ryan S. A survey of research relating accounting numbers to systematic equity risk, with implications for risk disclosure policy and future research [J]. *Accounting Horizons*, 1997, 11 (2): 82 - 95.

[213] Schoemaker P. *Experiments on Decisions under Risk: the expected utility hypothesis* [M]. Hingham, MA: Martinus Nijhoff Publishing, 1980.

[214] Securities and Exchange Commission (SEC). Disclosure of Accounting Policies for Derivative Financial Instruments and Derivative Commodity

Instruments and Disclosure of Quantitative and Qualitative Information about Market Risk Inherent in Derivative Financial Instruments, Other Financial Instruments, and Derivative Commodity Instruments. Release Nos. 33 – 7386; 34 –38223; IC –22487; FR 48; International Series No. 1047; File No. S7 – 35 –95 [S]. Washington, D. C.: 1997.

[215] Sherman S J, Mackie D M, Driscoll D M. Priming and the differential use of dimensions in evaluation [J]. *Personality and Social Psychology Bulletin*, 1990, 16 (3): 405 –418.

[216] Simon H A. Rational choice and the structure of the environment [J]. *Psychological Review*, 1956: 129 –138.

[217] Simon H A. Rationality in psychology and economics [J]. *Journal of business*, 1986, 59 (4): 209 –224.

[218] Simon H A. Rationality as process and product of thought [J]. *American Economic Review*, 1978, 68 (2): 1 –16.

[219] Slovic P. Informing and educating the public about risk [J]. *Risk Analysis*, 1986, 6 (4): 403 –415.

[220] Slovic P. Perception of risk [J]. *Science*, 1987, 236 (4799): 280 –285.

[221] Slovic P, Lichtenstein S. Comparison of Bayesian and regression approaches to the study of information processing in judgment [J]. *Organizational Behavior and Human Performance*, 1971, 6: 649 –744.

[222] Slovic P, MacPhillamy D. Dimensional commensurability and cue utilization in comparative judgment [J]. *Organizational Behavior and Human Performance*, 1974, 11: 174 –194.

[223] Smith C W, Stulz R M. The determinants of firms "Hedging Policies" [J]. *Journal of Financial and Quantitative Analysis*, 1985, 24 (4): 391 –405.

[224] Sribunnak V, Wong M H F. The impact of excluding nonfinancial exposure on the usefulness of foreign exchange sensitivity-analysis risk disclosures [J]. *Journal of Accounting, Auditing & Finance*, 2006, 21 (1): 1 –25.

[225] SRI International. Investor information needs and the annual report [R]. Morristown, NJ: Financial Executives Research Foundation, 1987.

[226] Tadesse A F, Murthy U S. Does the Format of Internal Control Disclosures Matter? An Experimental Investigation of Nonprofessional Investor Behavior [J]. *AUDITING: A Journal of Practice & Theory*, 2021, 40 (1): 91 - 106.

[227] Tan H T, Wang E Y, Zhou B. When the use of positive language backfires: the joint effect of tone, readability, and investor sophistication on earnings judgments [J]. *Journal of Accounting Research*, 2014, 52 (1): 273 - 301.

[228] Tan H T, Yeo F. You have been forewarned! The effects of risk management disclosures and disclosure tone on investors' judgments [J]. *Accounting, Organizations and Society*, 2023, 105: 101400.

[229] Tan S K, Koonce L. Investors' reactions to retractions and corrections of management earnings forecasts [J]. *Accounting, Organizations and Society*, 2011, 36 (6): 382 - 397.

[230] Thaler R H. The end of behavioral finance [J]. *Financial Analysts Journal*, 1999, 55: 12 - 17.

[231] Thayer J. Determinants of investors' information acquisition: credibility and confirmation [J]. *The Accounting Review*, 2011, 86 (1): 1 - 22.

[232] Thornton D, Welker M. The effect of oil and gas producers' FRR No. 48 disclosures on investor risk [J]. *Journal of Accounting, Auditing and Finance*, 2004, 19 (1): 85 - 114.

[233] Trotman K T. *Research Methods for Judgment and Decision Making Studies in Auditing* [M]. Melbourne, Vic: Cooper and Lybrand, 1996.

[234] Tufano P. Who manages risk? An empirical examination of risk managements practices in the gold industry [J]. *Journal of Finance*, 1996, 51 (4): 1097 - 1138.

[235] Tversky A, Kahneman D. Judgment under uncertainty: Heuristics and Biases [J]. *Science*, 1974, 185: 1124 - 1131.

[236] Von Neumann J, Morgenstern O. *Theory of Games and Economic Behavior* [M]. Princeton, NJ: Princeton University Press, 1944.

[237] Wang N, Zhou Q. Does commodity hedging with derivatives reduce stock price volatility [J]? *Finance Research Letters*, 2022, 50: 103321.

[238] Webby R, O'Connor M. Judgmental and statistical time series forecasting: A review of the literature [J]. *International Journal of Forecasting*, 1996, 12 (1): 91 – 118.

[239] Weber E. A descriptive measure of risk [J]. *Acta Psychologica*, 1988, 69: 185 – 203.

[240] Weber E. *The Role of Risk Perception in Risk Management Decisions: Who's afraid of a poor old-age* [M]. England: Oxford University Press, 2004.

[241] Weber E, Bottom W. Axiomatic measures of perceived risk: Some tests and extensions [J]. *Journal of Behavioral Decision Making*, 1989, 2 (2): 113 – 131.

[242] Weber E, Bottom W. An empiricale valuationo of the transitivity, monotonicity, accounting, and conjoint axioms for perceived risk [J]. *Organizational Behavior and Human Decision Processes*, 1990, 45 (2): 253 – 275.

[243] Wildavsky A, Dake K. Theories of risk perception: Who fears what and why [J]? *Daedalus*, 1990 (4): 41 – 60.

[244] Woods M. Accounting for derivatives: an evaluation of reporting practices by UK banks [J]. *European Accounting Review*, 2004, 13 (2): 373 – 391.

[245] Working H. New concepts concerning futures markets and prices [J]. *American Economic Reviews*, 1962, 52 (3): 431 – 459.

[246] Wyer R S, Srull T K. *Category Accessibility: Some theoretical and empirical issues concerning the processing of social stimulus information* [M]. Hillsdale, NJ: Erlbaum, 1981: 161 – 197.

[247] Yang A, Li W, Teo B S X, et al. The Impact of Financial Derivatives on the Enterprise Value of Chinese Listed Companies: Moderating Effects of

Managerial Characteristics [M]. *International Journal of Financial Studies*, 2023, 11 (1): 2.

[248] Yates F, Stone E. *Risk-taking Behavior* [M]. New York: John Wiley & Sons, 1992: 1 – 25.

[249] Yi Y. Cognitive and affective priming of the context for print advertisements [J]. *Journal of Advertising*, 1990a, 19 (2): 40 – 48.

[250] Yi Y. The effects of contextual priming in print advertisements [J]. *The Journal of Consumer Research*, 1990b, 17 (2): 215 – 222.

[251] Zhang H. Effect of accounting rules on corporate risk-management behavior [J]. *Journal of Accounting and Economics*, 2009, 47 (3): 244 – 264.

附　　录

实验材料 A

知情同意书

尊敬的女士/先生：

您好，欢迎您参与我们的实验！

为了更好地了解投资者的判断和决策过程，我们设计了下面的实验，恳请您协助我们完成此项研究，整个实验过程大概需要 10 分钟的时间。

在本研究中，假定您是 A 公司的一位潜在投资者，在阅读了 A 公司的风险信息之后，需要您对几个与投资决策有关的问题作出自己的判断。

与您平时在对一家公司做出评价时获得的信息相比，我们可能没有提供给您同样多的信息，但请您根据我们提供的信息做出判断，答案没有正确与错误之分，请独立完成各个问题。本实验仅用于学术研究，我们将对您给出的答案及个人信息严格保密。

您参与本研究是完全自愿的，您可以随时退出本研究，不会受到任何处罚。您在回答问题的过程中如有任何问题，请随时向我们提问，感谢您的参与！

同意以下内容请打“√”：

我已经阅读知情同意书，并同意参与本研究。(　　)

我了解我可以随时退出本研究，不会受到任何处罚。(　　)

我了解我将在本研究结束时收到知情同意书副本。(　　)

您的姓名：__________　　E－mail：__________

签名：__________　　日期：__________

______________________________　__________　__________

知情同意书的研究者/人员姓名　　签名　　日期

案例材料

一、背景信息

A 公司是一家航空业上市公司，主要从事国际、国内定期及不定期的航空客、货、邮和行李运输业务，具有较强的国内、国际联程运输能力和销售网络，拥有广泛的高品质客户群体。公司重视人才培训，自觉履行社会责任，具有比较完善的法人治理结构。

公司近三年财务数据摘要如下。

表 A1－1　　利润表

（除特别注明外，金额为百万元）

项目	2022 年度（已审计）	2021 年度（已审计）	2020 年度（已审计）
营业收入	13 831	12 615	14 091
营业费用	12 975	11 834	13 220
营业利润	856	781	871
营业外收入（支出）	(219)	(200)	(222)
利润总额	637	581	649
所得税费用	(223)	(203)	(230)
净利润	414	378	419
每股收益（元）	0. 47	0. 43	0. 48

表 A1－2　　资产负债表

（金额为百万元）

项目	2022 年 12 月 31 日（已审计）	2021 年 12 月 31 日（已审计）	2020 年 12 月 31 日（已审计）
资产			
流动资产	3 582	3 566	3 559

续表

项目	2022年12月31日（已审计）	2021年12月31日（已审计）	2020年12月31日（已审计）
非流动资产	5 814	5 802	5 794
资产总计	9 396	9 368	9 353
负债及股东权益			
流动负债	3 303	3 295	3 290
非流动负债	5 303	5 290	5 283
股东权益	790	783	780
负债及股东权益总计	9 396	9 368	9 353

二、风险信息

您在阅读A公司2022年年报时发现以下信息：

1. 燃油价格波动风险

燃油成本是A公司最主要的成本支出之一，燃油价格波动可能对本公司的经营业绩造成较大的影响。在过去几年中，燃油市场价格波动的幅度较大。燃油市场价格上升将导致公司利润总额减少，燃油市场价格下降将导致公司利润总额增加。在其他所有因素保持不变的情况下，基于对下一年燃油消耗量的估计，燃油市场价格波动对公司下一年利润总额的影响如下（不包括燃油期货合约套期保值的影响）：

如果燃油市场价格上升10%，将导致公司下一年利润总额减少390百万元，占利润总额的56.92%。

2. 用于套期保值的燃油期货合约风险

为控制燃油成本，降低上述燃油价格波动风险，减轻公司利润总额的波动程度，本公司使用燃油期货合约对部分预期采购的燃油进行套期保值。燃油市场价格上升将导致燃油期货合约公允价值上升，增加公司的利润总额；燃油市场价格下降将导致燃油期货合约公允价值下降，减少公司的利润总额。在其他所有因素保持不变的情况下，基于公司持有的燃油期货合约数量，由于燃油市场价格变动，燃油期货合约公允价值变动对公司

下一年利润总额的影响如下：

如果燃油市场价格下降10%，燃油期货合约公允价值变动将导致公司下一年利润总额减少300百万元，占利润总额的43.80%。

三、需要回答的问题

根据以上材料，您作为潜在的投资者，请按顺序回答下面的问题，当您回答后面的问题时，请不要返回修改前面的回答，请您在认为最恰当的分值上打“√”：

（1）请您评价A公司的投资吸引力如何？

0	1	2	3	4	5	6	7	8	9	10
一点没有吸引力										非常有吸引力

（2）在做出第（1）题的判断时，您的自信程度如何？

0	1	2	3	4	5	6	7	8	9	10
一点不自信										非常自信

（3）从整体来看，您认为投资于A公司的风险有多大？

0	1	2	3	4	5	6	7	8	9	10
非常低										非常高

（4）从整体来看，您认为A公司面临的燃油价格上升的风险有多大？

0	1	2	3	4	5	6	7	8	9	10
非常低										非常高

（5）请您评价A公司未来的净利润波动程度如何？

0	1	2	3	4	5	6	7	8	9	10
波动很小										波动很大

（6）请您评价A公司未来的盈利潜力如何？

0	1	2	3	4	5	6	7	8	9	10
非常低										非常高

（7）您认为A公司使用套期保值工具减轻燃油价格波动风险的程度如何？

0	1	2	3	4	5	6	7	8	9	10
一点没减轻										很大程度减轻

（8）您对A公司面临的燃油价格上升的风险的担忧程度如何？

0	1	2	3	4	5	6	7	8	9	10
一点不担忧										非常担忧

（9）请您评价A公司披露的风险信息的可信性如何？

0	1	2	3	4	5	6	7	8	9	10
一点不可信										非常可信

（10）您认为A公司管理层采取的套期保值措施的合理程度如何？

0	1	2	3	4	5	6	7	8	9	10
合理程度低										合理程度高

（11）您认为A公司管理层采取的风险管理措施（套期保值）对公司的有利程度如何？

0	1	2	3	4	5	6	7	8	9	10
一点没有利										非常有利

（12）您对A公司管理层采取的风险管理措施（套期保值）的满意程度如何？

0	1	2	3	4	5	6	7	8	9	10
一点不满意										非常满意

（13）您认为A公司管理层的胜任能力如何？

0	1	2	3	4	5	6	7	8	9	10
一点不胜任										非常胜任

(14) 您认为A公司披露的风险信息对您的投资决策有多大影响?

0　1　2　3　4　5　6　7　8　9　10

一点没影响　　　　影响很大

(15a) 在本案例中,A公司是否使用了燃油期货合约对燃油价格波动风险进行套期保值?

[　] 是　　　　[　] 否

(15b) 如果您对(15a)回答"是",请您回答,在本案例中A公司是否披露了燃油价格波动的净风险信息?

[　] 是　　　　[　] 否

(16) 在本案例中,A公司是否披露了燃油价格波动10%导致利润总额增加的信息?

[　] 是　　　　[　] 否

人口统计信息:

①您的性别是:□男　□女

②您的年龄是______岁。

③您以前是否投资过股市?　□是　□否

④如果投资过股市,您有多少年投资经验?______年

⑤如果未投资股市,您是否准备投资股市?　□是　□否

⑥您对衍生金融工具的熟悉程度如何?

0　1　2　3　4　5　6　7　8　9　10

一点不熟悉　　　　非常熟悉

⑦您曾学过多少门财务和会计课程?______门

⑧您参加工作有多少年?______年

实验材料 B

知情同意书

尊敬的女士/先生：

您好，欢迎您参与我们的实验！

为了更好地了解投资者的判断和决策过程，我们设计了下面的实验，恳请您协助我们完成此项研究，整个实验过程大概需要 10 分钟的时间。

在本研究中，假定您是 A 公司的一位潜在投资者，在阅读了 A 公司的风险信息之后，需要您对几个与投资决策有关的问题作出自己的判断。

与您平时在对一家公司做出评价时获得的信息相比，我们可能没有提供给您同样多的信息，但请您根据我们提供的信息做出判断，答案没有正确与错误之分，请独立完成各个问题。本实验仅用于学术研究，我们将对您给出的答案及个人信息严格保密。

您参与本研究是完全自愿的，您可以随时退出本研究，不会受到任何处罚。您在回答问题的过程中如有任何问题，请随时向我们提问，感谢您的参与！

同意以下内容请打“√”：

我已经阅读知情同意书，并同意参与本研究。（　　）

我了解我可以随时退出本研究，不会受到任何处罚。（　　）

我了解我将在本研究结束时收到知情同意书副本。（　　）

您的姓名：__________　　E－mail：__________

签名：__________　　日期：__________

____________________　__________　__________

知情同意书的研究者/人员姓名　　签名　　日期

案例材料

一、背景信息

A公司是一家航空业上市公司，主要从事国际、国内定期及不定期的航空客、货、邮和行李运输业务，具有较强的国内、国际联程运输能力和销售网络，拥有广泛的高品质客户群体。公司重视人才培训，自觉履行社会责任，具有比较完善的法人治理结构。

公司近三年财务数据摘要如下。

表 A2－1　　利润表

（除特别注明外，金额为百万元）

项目	2022年度（已审计）	2021年度（已审计）	2020年度（已审计）
营业收入	13 831	12 615	14 091
营业费用	12 975	11 834	13 220
营业利润	856	781	871
营业外收入（支出）	(219)	(200)	(222)
利润总额	637	581	649
所得税费用	(223)	(203)	(230)
净利润	414	378	419
每股收益（元）	0.47	0.43	0.48

表 A2－2　　资产负债表

（金额为百万元）

项目	2022年12月31日（已审计）	2021年12月31日（已审计）	2020年12月31日（已审计）
资产			
流动资产	3 582	3 566	3 559

续表

项目	2022 年 12 月 31 日（已审计）	2021 年 12 月 31 日（已审计）	2020 年 12 月 31 日（已审计）
非流动资产	5 814	5 802	5 794
资产总计	9 396	9 368	9 353
负债及股东权益			
流动负债	3 303	3 295	3 290
非流动负债	5 303	5 290	5 283
股东权益	790	783	780
负债及股东权益总计	9 396	9 368	9 353

二、风险信息

您在阅读 A 公司 2022 年年报时发现以下信息：

1. 燃油价格波动风险

燃油成本是 A 公司最主要的成本支出之一，燃油价格波动可能对本公司的经营业绩造成较大的影响。在过去几年中，燃油市场价格波动的幅度较大。燃油市场价格上升将导致公司利润总额减少，燃油市场价格下降将导致公司利润总额增加。在其他所有因素保持不变的情况下，基于对下一年燃油消耗量的估计，燃油市场价格波动对公司下一年利润总额的影响如下（不包括燃油期货合约套期保值的影响）：

如果燃油市场价格上升 10%，将导致公司下一年利润总额减少 390 百万元，占利润总额的 56.92%。

2. 用于套期保值的燃油期货合约风险

为控制燃油成本，降低上述燃油价格波动风险，减轻公司利润总额的波动程度，本公司使用燃油期货合约对部分预期采购的燃油进行套期保值。燃油市场价格上升将导致燃油期货合约公允价值上升，增加公司的利润总额；燃油市场价格下降将导致燃油期货合约公允价值下降，减少公司的利润总额。在其他所有因素保持不变的情况下，基于公司持有的燃油期货合约数量，由于燃油市场价格变动，燃油期货合约公允价值变动对公司下一年利润总额的影响如下：

如果燃油市场价格下降 10%，燃油期货合约公允价值变动将导致公司下一年利润总额减少 300 百万元，占利润总额的 43.80%。

3. 套期保值（使用燃油期货合约）后燃油价格波动净风险

公司使用燃油期货合约对预期采购的燃油套期保值后，公司原有的燃油价格波动风险降低，利润总额的波动幅度减轻。根据前述第 1、2 部分的估计，在考虑公司持有的燃油期货合约的抵消作用后，燃油市场价格波动对公司下一年利润总额的净影响如下：

如果燃油市场价格上升 10%，将导致公司下一年利润总额减少 90 百万元，占利润总额的 13.12%。

三、需要回答的问题

根据以上材料，您作为潜在的投资者，请按顺序回答下面的问题，当您回答后面的问题时，请不要返回修改前面的回答，请您在认为最恰当的分值上打“√”：

（1）请您评价 A 公司的投资吸引力如何？

0	1	2	3	4	5	6	7	8	9	10
一点没有吸引力										非常有吸引力

（2）在做出第 1 题的判断时，您的自信程度如何？

0	1	2	3	4	5	6	7	8	9	10
一点不自信										非常自信

（3）从整体来看，您认为投资于 A 公司的风险有多大？

0	1	2	3	4	5	6	7	8	9	10
非常低										非常高

（4）从整体来看，您认为 A 公司面临的燃油价格上升的风险有多大？

0	1	2	3	4	5	6	7	8	9	10
非常低										非常高

（5）请您评价 A 公司未来的净利润波动程度如何？

0	1	2	3	4	5	6	7	8	9	10
波动很小										波动很大

（6）请您评价 A 公司未来的盈利潜力如何？

0　1　2　3　4　5　6　7　8　9　10

非常低　非常高

（7）您认为 A 公司使用套期保值工具减轻燃油价格波动风险的程度如何？

0　1　2　3　4　5　6　7　8　9　10

一点没减轻　很大程度减轻

（8）您对 A 公司面临的燃油价格上升的风险的担忧程度如何？

0　1　2　3　4　5　6　7　8　9　10

一点不担忧　非常担忧

（9）请您评价 A 公司披露的风险信息的可信性如何？

0　1　2　3　4　5　6　7　8　9　10

一点不可信　非常可信

（10）您认为 A 公司管理层采取的套期保值措施的合理程度如何？

0　1　2　3　4　5　6　7　8　9　10

合理程度低　合理程度高

（11）您认为 A 公司管理层采取的风险管理措施（套期保值）对公司的有利程度如何？

0　1　2　3　4　5　6　7　8　9　10

一点没有利　非常有利

（12）您对 A 公司管理层采取的风险管理措施（套期保值）的满意程度如何？

0　1　2　3　4　5　6　7　8　9　10

一点不满意　非常满意

（13）您认为 A 公司管理层的胜任能力如何？

0　　1　　2　　3　　4　　5　　6　　7　　8　　9　　10

一点
不胜任　　　　非常胜任

（14）您认为 A 公司披露的风险信息对您的投资决策有多大影响？

0　　1　　2　　3　　4　　5　　6　　7　　8　　9　　10

一点
没影响　　　　影响很大

（15a）在本案例中，A 公司是否使用了燃油期货合约对燃油价格波动风险进行套期保值？

[　　] 是　　　　[　　] 否

（15b）如果您对（15a）回答“是”，请您回答，在本案例中 A 公司是否披露了燃油价格波动的净风险信息？

[　　] 是　　　　[　　] 否

（16）在本案例中，A 公司是否披露了燃油价格波动 10% 导致利润总额增加的信息？

[　　] 是　　　　[　　] 否

人口统计信息：

①您的性别是：□男　　□女

②您的年龄是______岁。

③您以前是否投资过股市？　　□是　　□否

④如果投资过股市，您有多少年投资经验？______年

⑤如果未投资股市，您是否准备投资股市？　　□是　　□否

⑥您对衍生金融工具的熟悉程度如何？

0　　1　　2　　3　　4　　5　　6　　7　　8　　9　　10

一点
不熟悉　　　　非常熟悉

⑦您曾学过多少门财务和会计课程？__________门

⑧您参加工作有多少年？__________年

实验材料 C

知情同意书

尊敬的女士/先生：

您好，欢迎您参与我们的实验！

为了更好地了解投资者的判断和决策过程，我们设计了下面的实验，恳请您协助我们完成此项研究，整个实验过程大概需要 10 分钟的时间。

在本研究中，假定您是 A 公司的一位潜在投资者，在阅读了 A 公司的风险信息之后，需要您对几个与投资决策有关的问题作出自己的判断。

与您平时在对一家公司做出评价时获得的信息相比，我们可能没有提供给您同样多的信息，但请您根据我们提供的信息做出判断，答案没有正确与错误之分，请独立完成各个问题。本实验仅用于学术研究，我们将对您给出的答案及个人信息严格保密。

您参与本研究是完全自愿的，您可以随时退出本研究，不会受到任何处罚。您在回答问题的过程中如有任何问题，请随时向我们提问，感谢您的参与！

同意以下内容请打“√”：

我已经阅读知情同意书，并同意参与本研究。(　　)

我了解我可以随时退出本研究，不会受到任何处罚。(　　)

我了解我将在本研究结束时收到知情同意书副本。(　　)

您的姓名：__________　　E - mail：__________

签名：__________　　日期：__________

______________________________　__________　__________

知情同意书的研究者/人员姓名　　签名　　日期

案例材料

一、背景信息

A 公司是一家航空业上市公司，主要从事国际、国内定期及不定期的航空客、货、邮和行李运输业务，具有较强的国内、国际联程运输能力和销售网络，拥有广泛的高品质客户群体。公司重视人才培训，自觉履行社会责任，具有比较完善的法人治理结构。

公司近三年财务数据摘要如下。

表 A3－1　利润表

（除特别注明外，金额为百万元）

项目	2022 年度（已审计）	2021 年度（已审计）	2020 年度（已审计）
营业收入	13 831	12 615	14 091
营业费用	12 975	11 834	13 220
营业利润	856	781	871
营业外收入（支出）	(219)	(200)	(222)
利润总额	637	581	649
所得税费用	(223)	(203)	(230)
净利润	414	378	419
每股收益（元）	0.47	0.43	0.48

表 A3－2　资产负债表

（金额为百万元）

项目	2022 年 12 月 31 日（已审计）	2021 年 12 月 31 日（已审计）	2020 年 12 月 31 日（已审计）
资产			
流动资产	3 582	3 566	3 559
非流动资产	5 814	5 802	5 794

续表

项目	2022 年 12 月 31 日（已审计）	2021 年 12 月 31 日（已审计）	2020 年 12 月 31 日（已审计）
资产总计	9 396	9 368	9 353
负债及股东权益			
流动负债	3 303	3 295	3 290
非流动负债	5 303	5 290	5 283
股东权益	790	783	780
负债及股东权益总计	9 396	9 368	9 353

二、风险信息

您在阅读 A 公司 2022 年年报时发现以下信息：

套期保值（使用燃油期货合约）后燃油价格波动净风险。

燃油成本是 A 公司最主要的成本支出之一，燃油价格波动可能对本公司的经营业绩造成较大的影响。在过去几年中，燃油市场价格波动的幅度较大。

为控制燃油成本，降低燃油价格波动风险，减轻公司利润总额的波动程度，本公司使用燃油期货合约对部分预期采购的燃油进行套期保值。公司使用燃油期货合约对预期采购的燃油套期保值后，公司原有的燃油价格波动风险降低，利润总额的波动幅度减轻。在考虑公司持有的燃油期货合约的抵消作用后，燃油市场价格波动对公司下一年利润总额的净影响如下：

如果燃油市场价格上升 10%，将导致公司下一年利润总额减少 90 百万元，占利润总额的 13. 12%。

三、需要回答的问题

根据以上材料，您作为潜在的投资者，请按顺序回答下面的问题，当您回答后面的问题时，请不要返回修改前面的回答，请您在认为最恰当的分值上打“√”：

（1）请您评价 A 公司的投资吸引力如何？

0 1 2 3 4 5 6 7 8 9 10

一点没有吸引力 非常有吸引力

（2）在做出第 1 题的判断时，您的自信程度如何？

0 1 2 3 4 5 6 7 8 9 10

一点不自信 非常自信

（3）从整体来看，您认为投资于 A 公司的风险有多大？

0 1 2 3 4 5 6 7 8 9 10

非常低 非常高

（4）从整体来看，您认为 A 公司面临的燃油价格上升的风险有多大？

0 1 2 3 4 5 6 7 8 9 10

非常低 非常高

（5）请您评价 A 公司未来的净利润波动程度如何？

0 1 2 3 4 5 6 7 8 9 10

波动很小 波动很大

（6）请您评价 A 公司未来的盈利潜力如何？

0 1 2 3 4 5 6 7 8 9 10

非常小 非常大

（7）您认为 A 公司使用套期保值工具减轻燃油价格波动风险的程度如何？

0 1 2 3 4 5 6 7 8 9 10

一点没减轻 很大程度减轻

（8）您对 A 公司面临的燃油价格上升的风险的担忧程度如何？

0 1 2 3 4 5 6 7 8 9 10

一点不担忧 非常担忧

（9）请您评价 A 公司披露的风险信息的可信性如何？

0　1　2　3　4　5　6　7　8　9　10

一点不可信　　　　　　　　　　　　非常可信

（10）您认为 A 公司管理层采取的套期保值措施的合理程度如何？

0　1　2　3　4　5　6　7　8　9　10

合理程度低　　　　　　　　　　　　合理程度高

（11）您认为 A 公司管理层采取的风险管理措施（套期保值）对公司的有利程度如何？

0　1　2　3　4　5　6　7　8　9　10

一点没有利　　　　　　　　　　　　非常有利

（12）您对 A 公司管理层采取的风险管理措施（套期保值）的满意程度如何？

0　1　2　3　4　5　6　7　8　9　10

一点不满意　　　　　　　　　　　　非常满意

（13）您认为 A 公司管理层的胜任能力如何？

0　1　2　3　4　5　6　7　8　9　10

一点不胜任　　　　　　　　　　　　非常胜任

（14）您认为 A 公司披露的风险信息对您的投资决策有多大影响？

0　1　2　3　4　5　6　7　8　9　10

一点没影响　　　　　　　　　　　　影响很大

（15a）在本案例中，A 公司是否使用了燃油期货合约对燃油价格波动风险进行套期保值？

[　　] 是　　　　　　　　[　　] 否

（15b）如果您对（15a）回答“是”，请您回答，在本案例中 A 公司是否披露了燃油价格波动的净风险信息？

[ ] 是 [ ] 否

（16）在本案例中，A 公司是否披露了燃油价格波动 10% 导致利润总额增加的信息？

[ ] 是 [ ] 否

人口统计信息：

①您的性别是：□男 □女

②您的年龄是______岁。

③您以前是否投资过股市？ □是 □否

④如果投资过股市，您有多少年投资经验？______年

⑤如果未投资股市，您是否准备投资股市？ □是 □否

⑥您对衍生金融工具的熟悉程度如何？

0 1 2 3 4 5 6 7 8 9 10

一点 非常熟悉
不熟悉

⑦您曾学过多少门财务和会计课程？______门

⑧您参加工作有多少年？______年

实验材料D

知情同意书

尊敬的女士/先生：

您好，欢迎您参与我们的实验！

为了更好地了解投资者的判断和决策过程，我们设计了下面的实验，恳请您协助我们完成此项研究，整个实验过程大概需要10分钟的时间。

在本研究中，假定您是A公司的一位潜在投资者，在阅读了A公司的风险信息之后，需要您对几个与投资决策有关的问题作出自己的判断。

与您平时在对一家公司做出评价时获得的信息相比，我们可能没有提供给您同样多的信息，但请您根据我们提供的信息做出判断，答案没有正确与错误之分，请独立完成各个问题。本实验仅用于学术研究，我们将对您给出的答案及个人信息严格保密。

您参与本研究是完全自愿的，您可以随时退出本研究，不会受到任何处罚。您在回答问题的过程中如有任何问题，请随时向我们提问，感谢您的参与！

同意以下内容请打“√”：

我已经阅读知情同意书，并同意参与本研究。(　　)

我了解我可以随时退出本研究，不会受到任何处罚。(　　)

我了解我将在本研究结束时收到知情同意书副本。(　　)

您的姓名：__________　　E - mail：__________

签名：__________　　日期：__________

______________________　__________　__________

知情同意书的研究者/人员姓名　　签名　　日期

案例材料

一、背景信息

A公司是一家航空业上市公司，主要从事国际、国内定期及不定期的航空客、货、邮和行李运输业务，具有较强的国内、国际联程运输能力和销售网络，拥有广泛的高品质客户群体。公司重视人才培训，自觉履行社会责任，具有比较完善的法人治理结构。

公司近三年财务数据摘要如下。

表 A4－1 利润表

（除特别注明外，金额为百万元）

项目	2022 年度（已审计）	2021 年度（已审计）	2020 年度（已审计）
营业收入	13 831	12 615	14 091
营业费用	12 975	11 834	13 220
营业利润	856	781	871
营业外收入（支出）	（219）	（200）	（222）
利润总额	637	581	649
所得税费用	（223）	（203）	（230）
净利润	414	378	419
每股收益（元）	0.47	0.43	0.48

表 A4－2 资产负债表

（金额为百万元）

项目	2022 年 12 月 31 日（已审计）	2021 年 12 月 31 日（已审计）	2020 年 12 月 31 日（已审计）
资产			
流动资产	3 582	3 566	3 559
非流动资产	5 814	5 802	5 794

续表

项目	2022 年 12 月 31 日（已审计）	2021 年 12 月 31 日（已审计）	2020 年 12 月 31 日（已审计）
资产总计	9 396	9 368	9 353
负债及股东权益			
流动负债	3 303	3 295	3 290
非流动负债	5 303	5 290	5 283
股东权益	790	783	780
负债及股东权益总计	9 396	9 368	9 353

二、风险信息

您在阅读 A 公司 2022 年年报时发现以下信息：

1. 燃油价格波动风险

燃油成本是 A 公司最主要的成本支出之一，燃油价格波动可能对本公司的经营业绩造成较大的影响。在过去几年中，燃油市场价格波动的幅度较大。燃油市场价格上升将导致公司利润总额减少，燃油市场价格下降将导致公司利润总额增加。在其他所有因素保持不变的情况下，基于对下一年燃油消耗量的估计，燃油市场价格波动对公司下一年利润总额的影响如下（不包括燃油期货合约套期保值的影响）：

如果燃油市场价格上升 10%，将导致公司下一年利润总额减少 390 百万元，占利润总额的 56.92%；

如果燃油市场价格下降 10%，将导致公司下一年利润总额增加 390 百万元，占利润总额的 56.92%。

2. 用于套期保值的燃油期货合约风险

为控制燃油成本，降低上述燃油价格波动风险，减轻公司利润总额的波动程度，本公司使用燃油期货合约对部分预期采购的燃油进行套期保值。燃油市场价格上升将导致燃油期货合约公允价值上升，增加公司的利润总额；燃油市场价格下降将导致燃油期货合约公允价值下降，减少公司的利润总额。在其他所有因素保持不变的情况下，基于公司持有的燃油期货合约数量，由于燃油市场价格变动，燃油期货合约公允价值变动对公司

下一年利润总额的影响如下：

如果燃油市场价格上升10%，燃油期货合约公允价值变动将导致公司下一年利润总额增加300百万元，占利润总额的43.80%；

如果燃油市场价格下降10%，燃油期货合约公允价值变动将导致公司下一年利润总额减少300百万元，占利润总额的43.80%。

三、需要回答的问题

根据以上材料，您作为潜在的投资者，请按顺序回答下面的问题，当您回答后面的问题时，请不要返回修改前面的回答，请您在认为最恰当的分值上打“√”：

（1）请您评价A公司的投资吸引力如何？

0	1	2	3	4	5	6	7	8	9	10
一点没有吸引力										非常有吸引力

（2）在做出第1题的判断时，您的自信程度如何？

0	1	2	3	4	5	6	7	8	9	10
一点不自信										非常自信

（3）从整体来看，您认为投资于A公司的风险有多大？

0	1	2	3	4	5	6	7	8	9	10
非常低										非常高

（4）从整体来看，您认为A公司面临的燃油价格上升的风险有多大？

0	1	2	3	4	5	6	7	8	9	10
非常低										非常高

（5）请您评价A公司未来的净利润波动程度如何？

0	1	2	3	4	5	6	7	8	9	10
波动很小										波动很大

（6）请您评价A公司未来的盈利潜力如何？

0	1	2	3	4	5	6	7	8	9	10
非常小										非常大

（7）您认为A公司使用套期保值工具减轻燃油价格波动风险的程度如何？

0　1　2　3　4　5　6　7　8　9　10

一点没减轻　……　很大程度减轻

（8）您对A公司面临的燃油价格上升的风险的担忧程度如何？

0　1　2　3　4　5　6　7　8　9　10

一点不担忧　……　非常担忧

（9）请您评价A公司披露的风险信息的可信性如何？

0　1　2　3　4　5　6　7　8　9　10

一点不可信　……　非常可信

（10）您认为A公司管理层采取的套期保值措施的合理程度如何？

0　1　2　3　4　5　6　7　8　9　10

合理程度低　……　合理程度高

（11）您认为A公司管理层采取的风险管理措施（套期保值）对公司的有利程度如何？

0　1　2　3　4　5　6　7　8　9　10

一点没有利　……　非常有利

（12）您对A公司管理层采取的风险管理措施（套期保值）的满意程度如何？

0　1　2　3　4　5　6　7　8　9　10

一点不满意　……　非常满意

(13) 您认为 A 公司管理层的胜任能力如何?

0 1 2 3 4 5 6 7 8 9 10

一点不胜任 非常胜任

(14) 您认为 A 公司披露的风险信息对您的投资决策有多大影响?

0 1 2 3 4 5 6 7 8 9 10

一点没影响 影响很大

(15a) 在本案例中, A 公司是否使用了燃油期货合约对燃油价格波动风险进行套期保值?

[ ] 是 [ ] 否

(15b) 如果您对 (15a) 回答 "是", 请您回答, 在本案例中 A 公司是否披露了燃油价格波动的净风险信息?

[ ] 是 [ ] 否

(16) 在本案例中, A 公司是否披露了燃油价格波动 10% 导致利润总额增加的信息?

[ ] 是 [ ] 否

人口统计信息:

①您的性别是: □男 □女

②您的年龄是______岁。

③您以前是否投资过股市? □是 □否

④如果投资过股市, 您有多少年投资经验? ______年

⑤如果未投资股市, 您是否准备投资股市? □是 □否

⑥您对衍生金融工具的熟悉程度如何?

0 1 2 3 4 5 6 7 8 9 10

一点不熟悉 非常熟悉

⑦您曾学过多少门财务和会计课程? ______门

⑧您参加工作有多少年? ______年

实验材料 E

知情同意书

尊敬的女士/先生：

您好，欢迎您参与我们的实验！

为了更好地了解投资者的判断和决策过程，我们设计了下面的实验，恳请您协助我们完成此项研究，整个实验过程大概需要 10 分钟的时间。

在本研究中，假定您是 A 公司的一位潜在投资者，在阅读了 A 公司的风险信息之后，需要您对几个与投资决策有关的问题作出自己的判断。

与您平时在对一家公司做出评价时获得的信息相比，我们可能没有提供给您同样多的信息，但请您根据我们提供的信息做出判断，答案没有正确与错误之分，请独立完成各个问题。本实验仅用于学术研究，我们将对您给出的答案及个人信息严格保密。

您参与本研究是完全自愿的，您可以随时退出本研究，不会受到任何处罚。您在回答问题的过程中如有任何问题，请随时向我们提问，感谢您的参与！

同意以下内容请打“√”：

我已经阅读知情同意书，并同意参与本研究。(　　)

我了解我可以随时退出本研究，不会受到任何处罚。(　　)

我了解我将在本研究结束时收到知情同意书副本。(　　)

您的姓名：__________　　E - mail：__________

签名：__________　　日期：__________

______________________________　__________　__________

知情同意书的研究者/人员姓名　　签名　　日期

案例材料

一、背景信息

A 公司是一家航空业上市公司，主要从事国际、国内定期及不定期的航空客、货、邮和行李运输业务，具有较强的国内、国际联程运输能力和销售网络，拥有广泛的高品质客户群体。公司重视人才培训，自觉履行社会责任，具有比较完善的法人治理结构。

公司近三年财务数据摘要如下。

表 A5－1　利润表

（除特别注明外，金额为百万元）

项目	2022 年度（已审计）	2021 年度（已审计）	2020 年度（已审计）
营业收入	13 831	12 615	14 091
营业费用	12 975	11 834	13 220
营业利润	856	781	871
营业外收入（支出）	(219)	(200)	(222)
利润总额	637	581	649
所得税费用	(223)	(203)	(230)
净利润	414	378	419
每股收益（元）	0.47	0.43	0.48

表 A5－2　资产负债表

（金额为百万元）

项目	2022 年 12 月 31 日（已审计）	2021 年 12 月 31 日（已审计）	2020 年 12 月 31 日（已审计）
资产			
流动资产	3 582	3 566	3 559
非流动资产	5 814	5 802	5 794

续表

项目	2022年12月31日（已审计）	2021年12月31日（已审计）	2020年12月31日（已审计）
资产总计	9 396	9 368	9 353
负债及股东权益			
流动负债	3 303	3 295	3 290
非流动负债	5 303	5 290	5 283
股东权益	790	783	780
负债及股东权益总计	9 396	9 368	9 353

二、风险信息

您在阅读A公司2022年年报时发现以下信息：

1. 燃油价格波动风险

燃油成本是A公司最主要的成本支出之一，燃油价格波动可能对本公司的经营业绩造成较大的影响。在过去几年中，燃油市场价格波动的幅度较大。燃油市场价格上升将导致公司利润总额减少，燃油市场价格下降将导致公司利润总额增加。在其他所有因素保持不变的情况下，基于对下一年燃油消耗量的估计，燃油市场价格波动对公司下一年利润总额的影响如下（不包括燃油期货合约套期保值的影响）：

如果燃油市场价格上升10%，将导致公司下一年利润总额减少390百万元，占利润总额的56.92%；

如果燃油市场价格下降10%，将导致公司下一年利润总额增加390百万元，占利润总额的56.92%。

2. 用于套期保值的燃油期货合约风险

为控制燃油成本，降低上述燃油价格波动风险，减轻公司利润总额的波动程度，本公司使用燃油期货合约对部分预期采购的燃油进行套期保值。燃油市场价格上升将导致燃油期货合约公允价值上升，增加公司的利润总额；燃油市场价格下降将导致燃油期货合约公允价值下降，减少公司的利润总额。在其他所有因素保持不变的情况下，基于公司持有的燃油期货合约数量，由于燃油市场价格变动，燃油期货合约公允价值变动对公司

下一年利润总额的影响如下：

如果燃油市场价格上升10%，燃油期货合约公允价值变动将导致公司下一年利润总额增加300百万元，占利润总额的43.80%；

如果燃油市场价格下降10%，燃油期货合约公允价值变动将导致公司下一年利润总额减少300百万元，占利润总额的43.80%。

3. 套期保值（使用燃油期货合约）后燃油价格波动净风险

公司使用燃油期货合约对预期采购的燃油套期保值后，公司原有的燃油价格波动风险降低，利润总额的波动幅度减轻。根据前述第1、2部分的估计，在考虑公司持有的燃油期货合约的抵消作用后，燃油市场价格波动对公司下一年利润总额的净影响如下：

如果燃油市场价格上升10%，将导致公司下一年利润总额减少90百万元，占利润总额的13.12%；

如果燃油市场价格下降10%，将导致公司下一年利润总额增加90百万元，占利润总额的13.12%。

三、需要回答的问题

根据以上材料，您作为潜在的投资者，请按顺序回答下面的问题，当您回答后面的问题时，请不要返回修改前面的回答，请您在认为最恰当的分值上打“√”：

（1）请您评价A公司的投资吸引力如何？

0	1	2	3	4	5	6	7	8	9	10
一点没有吸引力										非常有吸引力

（2）在做出第1题的判断时，您的自信程度如何？

0	1	2	3	4	5	6	7	8	9	10
一点不自信										非常自信

（3）从整体来看，您认为投资于A公司的风险有多大？

0	1	2	3	4	5	6	7	8	9	10
非常低										非常高

（4）从整体来看，您认为A公司面临的燃油价格上升的风险有多大？

0　1　2　3　4　5　6　7　8　9　10

非常低　非常高

（5）请您评价A公司未来的净利润波动程度如何？

0　1　2　3　4　5　6　7　8　9　10

波动很小　波动很大

（6）请您评价A公司未来的盈利潜力如何？

0　1　2　3　4　5　6　7　8　9　10

非常小　非常大

（7）您认为A公司使用套期保值工具减轻燃油价格波动风险的程度如何？

0　1　2　3　4　5　6　7　8　9　10

一点　很大程度

没减轻　减轻

（8）您对A公司面临的燃油价格上升的风险的担忧程度如何？

0　1　2　3　4　5　6　7　8　9　10

一点

不担忧　非常担忧

（9）请您评价A公司披露的风险信息的可信性如何？

0　1　2　3　4　5　6　7　8　9　10

一点

不可信　非常可信

（10）您认为A公司管理层采取的套期保值措施的合理程度如何？

0　1　2　3　4　5　6　7　8　9　10

合理　合理

程度低　程度高

（11）您认为A公司管理层采取的风险管理措施（套期保值）对公司的有利程度如何？

0　1　2　3　4　5　6　7　8　9　10

一点

没有利　非常有利

（12）您对 A 公司管理层采取的风险管理措施（套期保值）的满意程度如何？

0 1 2 3 4 5 6 7 8 9 10

一点不满意 非常满意

（13）您认为 A 公司管理层的胜任能力如何？

0 1 2 3 4 5 6 7 8 9 10

一点不胜任 非常胜任

（14）您认为 A 公司披露的风险信息对您的投资决策有多大影响？

0 1 2 3 4 5 6 7 8 9 10

一点没影响 影响很大

（15a）在本案例中，A 公司是否使用了燃油期货合约对燃油价格波动风险进行套期保值？

[ ] 是 [ ] 否

（15b）如果您对（15a）回答“是”，请您回答，在本案例中 A 公司是否披露了燃油价格波动的净风险信息？

[ ] 是 [ ] 否

（16）在本案例中，A 公司是否披露了燃油价格波动 10% 导致利润总额增加的信息？

[ ] 是 [ ] 否

人口统计信息：

①您的性别是：□男 □女

②您的年龄是______岁。

③您以前是否投资过股市？ □是 □否

④如果投资过股市，您有多少年投资经验？______年

⑤如果未投资股市，您是否准备投资股市？ □是 □否

⑥您对衍生金融工具的熟悉程度如何?

0　　1　　2　　3　　4　　5　　6　　7　　8　　9　　10

一点不熟悉　　　　　　　　　　　　　　　　非常熟悉

⑦您曾学过多少门财务和会计课程? ______门

⑧您参加工作有多少年? ______年

实验材料 F

知情同意书

尊敬的女士/先生：

您好，欢迎您参与我们的实验！

为了更好地了解投资者的判断和决策过程，我们设计了下面的实验，恳请您协助我们完成此项研究，整个实验过程大概需要 10 分钟的时间。

在本研究中，假定您是 A 公司的一位潜在投资者，在阅读了 A 公司的风险信息之后，需要您对几个与投资决策有关的问题作出自己的判断。

与您平时在对一家公司做出评价时获得的信息相比，我们可能没有提供给您同样多的信息，但请您根据我们提供的信息做出判断，答案没有正确与错误之分，请独立完成各个问题。本实验仅用于学术研究，我们将对您给出的答案及个人信息严格保密。

您参与本研究是完全自愿的，您可以随时退出本研究，不会受到任何处罚。您在回答问题的过程中如有任何问题，请随时向我们提问，感谢您的参与！

同意以下内容请打“√”：

我已经阅读知情同意书，并同意参与本研究。(　　)

我了解我可以随时退出本研究，不会受到任何处罚。(　　)

我了解我将在本研究结束时收到知情同意书副本。(　　)

您的姓名：__________　　E－mail：__________

签名：__________　　日期：__________

______________________　__________　__________

知情同意书的研究者/人员姓名　　签名　　日期

案例材料

一、背景信息

A 公司是一家航空业上市公司，主要从事国际、国内定期及不定期的航空客、货、邮和行李运输业务，具有较强的国内、国际联程运输能力和销售网络，拥有广泛的高品质客户群体。公司重视人才培训，自觉履行社会责任，具有比较完善的法人治理结构。

公司近三年财务数据摘要如下。

表 A6 - 1 利润表

（除特别注明外，金额为百万元）

项目	2022 年度（已审计）	2021 年度（已审计）	2020 年度（已审计）
营业收入	13 831	12 615	14 091
营业费用	12 975	11 834	13 220
营业利润	856	781	871
营业外收入（支出）	（219）	（200）	（222）
利润总额	637	581	649
所得税费用	（223）	（203）	（230）
净利润	414	378	419
每股收益（元）	0.47	0.43	0.48

表 A6 - 2 资产负债表

（金额为百万元）

项目	2022 年 12 月 31 日（已审计）	2021 年 12 月 31 日（已审计）	2020 年 12 月 31 日（已审计）
资产			
流动资产	3 582	3 566	3 559
非流动资产	5 814	5 802	5 794

续表

项目	2022年12月31日（已审计）	2021年12月31日（已审计）	2020年12月31日（已审计）
资产总计	9 396	9 368	9 353
负债及股东权益			
流动负债	3 303	3 295	3 290
非流动负债	5 303	5 290	5 283
股东权益	790	783	780
负债及股东权益总计	9 396	9 368	9 353

二、风险信息

您在阅读A公司2022年年报时发现以下信息：

套期保值（使用燃油期货合约）后燃油价格波动净风险。

燃油成本是A公司最主要的成本支出之一，燃油价格波动可能对本公司的经营业绩造成较大的影响。在过去几年中，燃油市场价格波动的幅度较大。

为控制燃油成本，降低燃油价格波动风险，减轻公司利润总额的波动程度，本公司使用燃油期货合约对部分预期采购的燃油进行套期保值。公司使用燃油期货合约对预期采购的燃油套期保值后，公司原有的燃油价格波动风险降低，利润总额的波动幅度减轻。在考虑公司持有的燃油期货合约的抵消作用后，燃油市场价格波动对公司下一年利润总额的净影响如下：

如果燃油市场价格上升10%，将导致公司下一年利润总额减少90百万元，占利润总额的13.12%；

如果燃油市场价格下降10%，将导致公司下一年利润总额增加90百万元，占利润总额的13.12%。

三、需要回答的问题

根据以上材料，您作为潜在的投资者，请按顺序回答下面的问题，当您回答后面的问题时，请不要返回修改前面的回答，请您在认为最恰当的分值上打“√”：

（1）请您评价 A 公司的投资吸引力如何？

0　1　2　3　4　5　6　7　8　9　10

一点没有吸引力　　非常有吸引力

（2）在做出第 1 题的判断时，您的自信程度如何？

0　1　2　3　4　5　6　7　8　9　10

一点不自信　　非常自信

（3）从整体来看，您认为投资于 A 公司的风险有多大？

0　1　2　3　4　5　6　7　8　9　10

非常低　　非常高

（4）从整体来看，您认为 A 公司面临的燃油价格上升的风险有多大？

0　1　2　3　4　5　6　7　8　9　10

非常低　　非常高

（5）请您评价 A 公司未来的净利润波动程度如何？

0　1　2　3　4　5　6　7　8　9　10

波动很小　　波动很大

（6）请您评价 A 公司未来的盈利潜力如何？

0　1　2　3　4　5　6　7　8　9　10

非常小　　非常大

（7）您认为 A 公司使用套期保值工具减轻燃油价格波动风险的程度如何？

0　1　2　3　4　5　6　7　8　9　10

一点没减轻　　很大程度减轻

（8）您对 A 公司面临的燃油价格上升的风险的担忧程度如何？

0　1　2　3　4　5　6　7　8　9　10

一点不担忧　　非常担忧

（9）请您评价A公司披露的风险信息的可信性如何？

0　1　2　3　4　5　6　7　8　9　10

一点不可信　　　　　　　　　　　　非常可信

（10）您认为A公司管理层采取的套期保值措施的合理程度如何？

0　1　2　3　4　5　6　7　8　9　10

合理程度低　　　　　　　　　　　　合理程度高

（11）您认为A公司管理层采取的风险管理措施（套期保值）对公司的有利程度如何？

0　1　2　3　4　5　6　7　8　9　10

一点没有利　　　　　　　　　　　　非常有利

（12）您对A公司管理层采取的风险管理措施（套期保值）的满意程度如何？

0　1　2　3　4　5　6　7　8　9　10

一点不满意　　　　　　　　　　　　非常满意

（13）您认为A公司管理层的胜任能力如何？

0　1　2　3　4　5　6　7　8　9　10

一点不胜任　　　　　　　　　　　　非常胜任

（14）您认为A公司披露的风险信息对您的投资决策有多大影响？

0　1　2　3　4　5　6　7　8　9　10

一点没影响　　　　　　　　　　　　影响很大

（15a）在本案例中，A公司是否使用了燃油期货合约对燃油价格波动风险进行套期保值？

[　　]是　　　　　　　　[　　]否

（15b）如果您对（15a）回答“是”，请您回答，在本案例中A公司是否披露了燃油价格波动的净风险信息？

[　　] 是　　　　　　　　　[　　] 否

（16）在本案例中，A 公司是否披露了燃油价格波动 10% 导致利润总额增加的信息？

[　　] 是　　　　　　　　　[　　] 否

人口统计信息：

①您的性别是：□男　　□女

②您的年龄是______岁。

③您以前是否投资过股市？　　□是　　□否

④如果投资过股市，您有多少年投资经验？______年

⑤如果未投资股市，您是否准备投资股市？　　□是　　□否

⑥您对衍生金融工具的熟悉程度如何？

0　　1　　2　　3　　4　　5　　6　　7　　8　　9　　10

一点不熟悉　　　　　　　　　　　　　　　　　　非常熟悉

⑦您曾学过多少门财务和会计课程？______门

⑧您参加工作有多少年？______年

实验材料 G

知情同意书

尊敬的女士/先生：

您好，欢迎您参与我们的实验！

为了更好地了解投资者的判断和决策过程，我们设计了下面的实验，恳请您协助我们完成此项研究，整个实验过程大概需要 10 分钟的时间。

在本研究中，假定您是 A 公司的一位潜在投资者，在阅读了 A 公司的风险信息之后，需要您对几个与投资决策有关的问题作出自己的判断。

与您平时在对一家公司做出评价时获得的信息相比，我们可能没有提供给您同样多的信息，但请您根据我们提供的信息做出判断，答案没有正确与错误之分，请独立完成各个问题。本实验仅用于学术研究，我们将对您给出的答案及个人信息严格保密。

您参与本研究是完全自愿的，您可以随时退出本研究，不会受到任何处罚。您在回答问题的过程中如有任何问题，请随时向我们提问，感谢您的参与！

同意以下内容请打“√”：

我已经阅读知情同意书，并同意参与本研究。(　　)

我了解我可以随时退出本研究，不会受到任何处罚。(　　)

我了解我将在本研究结束时收到知情同意书副本。(　　)

您的姓名：__________　　E－mail：__________

签名：__________　　日期：__________

______________________________　__________　__________

知情同意书的研究者/人员姓名　　签名　　日期

案例材料

一、背景信息

A 公司是一家航空业上市公司，主要从事国际、国内定期及不定期的航空客、货、邮和行李运输业务，具有较强的国内、国际联程运输能力和销售网络，拥有广泛的高品质客户群体。公司重视人才培训，自觉履行社会责任，具有比较完善的法人治理结构。

公司近三年财务数据摘要如下。

表 A7－1　利润表

（除特别注明外，金额为百万元）

项目	2022 年度（已审计）	2021 年度（已审计）	2020 年度（已审计）
营业收入	13 831	12 615	14 091
营业费用	12 975	11 834	13 220
营业利润	856	781	871
营业外收入（支出）	（219）	（200）	（222）
利润总额	637	581	649
所得税费用	（223）	（203）	（230）
净利润	414	378	419
每股收益（元）	0. 47	0. 43	0. 48

表 A7－2　资产负债表

（金额为百万元）

项目	2022 年 12 月 31 日（已审计）	2021 年 12 月 31 日（已审计）	2020 年 12 月 31 日（已审计）
资产			
流动资产	3 582	3 566	3 559
非流动资产	5 814	5 802	5 794

续表

项目	2022 年 12 月 31 日（已审计）	2021 年 12 月 31 日（已审计）	2020 年 12 月 31 日（已审计）
资产总计	9 396	9 368	9 353
负债及股东权益			
流动负债	3 303	3 295	3 290
非流动负债	5 303	5 290	5 283
股东权益	790	783	780
负债及股东权益总计	9 396	9 368	9 353

二、风险信息

您在阅读 A 公司 2022 年年报时发现以下信息：

燃油成本是 A 公司最主要的成本支出之一，燃油价格波动可能对本公司的经营业绩造成较大的影响。在过去几年中，燃油市场价格波动的幅度较大。燃油市场价格上升将导致公司利润总额减少，燃油市场价格下降将导致公司利润总额增加。在其他所有因素保持不变的情况下，基于对下一年燃油消耗量的估计，燃油市场价格波动对公司下一年利润总额的影响如下：

如果燃油市场价格上升 10%，将导致公司下一年利润总额减少 390 百万元，占利润总额的 56.92%。

三、需要回答的问题

根据以上材料，您作为潜在的投资者，请按顺序回答下面的问题，当您回答后面的问题时，请不要返回修改前面的回答，请您在认为最恰当的分值上打“√”：

（1）请您评价 A 公司的投资吸引力如何？

0	1	2	3	4	5	6	7	8	9	10
一点没有吸引力										非常有吸引力

（2）在做出第 1 题的判断时，您的自信程度如何？

0	1	2	3	4	5	6	7	8	9	10
一点不自信										非常自信

（3）从整体来看，您认为投资于 A 公司的风险有多大？

0	1	2	3	4	5	6	7	8	9	10
非常低										非常高

（4）从整体来看，您认为 A 公司面临的燃油价格上升的风险有多大？

0	1	2	3	4	5	6	7	8	9	10
非常低										非常高

（5）请您评价 A 公司未来的净利润波动程度如何？

0	1	2	3	4	5	6	7	8	9	10
波动很小										波动很大

（6）请您评价 A 公司未来的盈利潜力如何？

0	1	2	3	4	5	6	7	8	9	10
非常小										非常大

（7）您对 A 公司面临的燃油价格上升的风险的担忧程度如何？

0	1	2	3	4	5	6	7	8	9	10
一点不担忧										非常担忧

（8）请您评价 A 公司披露的风险信息的可信性如何？

0	1	2	3	4	5	6	7	8	9	10
一点不可信										非常可信

（9）您认为 A 公司管理层采取的风险管理措施的合理程度如何？

0	1	2	3	4	5	6	7	8	9	10
合理程度低										合理程度高

（10）您认为A公司管理层采取的风险管理措施对公司的有利程度如何？

0　1　2　3　4　5　6　7　8　9　10

一点没有利　　　　非常有利

（11）您对A公司管理层采取的风险管理措施的满意程度如何？

0　1　2　3　4　5　6　7　8　9　10

一点不满意　　　　非常满意

（12）您认为A公司管理层的胜任能力如何？

0　1　2　3　4　5　6　7　8　9　10

一点不胜任　　　　非常胜任

（13）您认为A公司披露的风险信息对您的投资决策有多大影响？

0　1　2　3　4　5　6　7　8　9　10

一点没影响　　　　影响很大

（14a）在本案例中，A公司是否使用了燃油期货合约对燃油价格波动风险进行套期保值？

[ ] 是　　　　[ ] 否

（14b）如果您对（14a）回答“是”，请您回答，在本案例中A公司是否披露了燃油价格波动的净风险信息？

[ ] 是　　　　[ ] 否

（15）在本案例中，A公司是否披露了燃油价格波动10%导致利润总额增加的信息？

[ ] 是　　　　[ ] 否

人口统计信息：

①您的性别是：□男　□女

②您的年龄是______岁。

③您以前是否投资过股市？　□是　□否

④如果投资过股市，您有多少年投资经验？______年

⑤如果未投资股市，您是否准备投资股市？ □是 □否

⑥您对衍生金融工具的熟悉程度如何？

0 1 2 3 4 5 6 7 8 9 10

一点

非常熟悉

不熟悉

⑦您曾学过多少门财务和会计课程？______门

⑧您参加工作有多少年？______年

实验材料 H

知情同意书

尊敬的女士/先生：

您好，欢迎您参与我们的实验！

为了更好地了解投资者的判断和决策过程，我们设计了下面的实验，恳请您协助我们完成此项研究，整个实验过程大概需要 10 分钟的时间。

在本研究中，假定您是 A 公司的一位潜在投资者，在阅读了 A 公司的风险信息之后，需要您对几个与投资决策有关的问题作出自己的判断。

与您平时在对一家公司做出评价时获得的信息相比，我们可能没有提供给您同样多的信息，但请您根据我们提供的信息做出判断，答案没有正确与错误之分，请独立完成各个问题。本实验仅用于学术研究，我们将对您给出的答案及个人信息严格保密。

您参与本研究是完全自愿的，您可以随时退出本研究，不会受到任何处罚。您在回答问题的过程中如有任何问题，请随时向我们提问，感谢您的参与！

同意以下内容请打“√”：

我已经阅读知情同意书，并同意参与本研究。(　　)

我了解我可以随时退出本研究，不会受到任何处罚。(　　)

我了解我将在本研究结束时收到知情同意书副本。(　　)

您的姓名：__________　　E－mail：__________

签名：__________　　日期：__________

______________________________　__________　__________

知情同意书的研究者/人员姓名　　签名　　日期

案例材料

一、背景信息

A公司是一家航空业上市公司，主要从事国际、国内定期及不定期的航空客、货、邮和行李运输业务，具有较强的国内、国际联程运输能力和销售网络，拥有广泛的高品质客户群体。公司重视人才培训，自觉履行社会责任，具有比较完善的法人治理结构。

公司近三年财务数据摘要如下。

表A8－1　利润表

（除特别注明外，金额为百万元）

项目	2022年度（已审计）	2021年度（已审计）	2020年度（已审计）
营业收入	13 831	12 615	14 091
营业费用	12 975	11 834	13 220
营业利润	856	781	871
营业外收入（支出）	(219)	(200)	(222)
利润总额	637	581	649
所得税费用	(223)	(203)	(230)
净利润	414	378	419
每股收益（元）	0.47	0.43	0.48

表A8－2　资产负债表

（金额为百万元）

项目	2022年12月31日（已审计）	2021年12月31日（已审计）	2020年12月31日（已审计）
资产			
流动资产	3 582	3 566	3 559
非流动资产	5 814	5 802	5 794

续表

项目	2022年12月31日（已审计）	2021年12月31日（已审计）	2020年12月31日（已审计）
资产总计	9 396	9 368	9 353
负债及股东权益			
流动负债	3 303	3 295	3 290
非流动负债	5 303	5 290	5 283
股东权益	790	783	780
负债及股东权益总计	9 396	9 368	9 353

二、风险信息

您在阅读A公司2022年年报时发现以下信息：

燃油价格波动风险。

燃油成本是A公司最主要的成本支出之一，燃油价格波动可能对本公司的经营业绩造成较大的影响。在过去几年中，燃油市场价格波动的幅度较大。燃油市场价格上升将导致公司利润总额减少，燃油市场价格下降将导致公司利润总额增加。在其他所有因素保持不变的情况下，基于对下一年燃油消耗量的估计，燃油市场价格波动对公司下一年利润总额的影响如下：

如果燃油市场价格上升10%，将导致公司下一年利润总额减少390百万元，占利润总额的56.92%；

如果燃油市场价格下降10%，将导致公司下一年利润总额增加390百万元，占利润总额的56.92%。

三、需要回答的问题

根据以上材料，您作为潜在的投资者，请按顺序回答下面的问题，当您回答后面的问题时，请不要返回修改前面的回答，请您在认为最恰当的分值上打“√”：

（1）请您评价A公司的投资吸引力如何？

0	1	2	3	4	5	6	7	8	9	10
一点没有吸引力										非常有吸引力

（2）在做出第 1 题的判断时，您的自信程度如何？

0　1　2　3　4　5　6　7　8　9　10

一点不自信　非常自信

（3）从整体来看，您认为投资于 A 公司的风险有多大？

0　1　2　3　4　5　6　7　8　9　10

非常低　非常高

（4）从整体来看，您认为 A 公司面临的燃油价格上升的风险有多大？

0　1　2　3　4　5　6　7　8　9　10

非常低　非常高

（5）请您评价 A 公司未来的净利润波动程度如何？

0　1　2　3　4　5　6　7　8　9　10

波动很小　波动很大

（6）请您评价 A 公司未来的盈利潜力如何？

0　1　2　3　4　5　6　7　8　9　10

非常小　非常大

（7）您对 A 公司面临的燃油价格上升的风险的担忧程度如何？

0　1　2　3　4　5　6　7　8　9　10

一点不担忧　非常担忧

（8）请您评价 A 公司披露的风险信息的可信性如何？

0　1　2　3　4　5　6　7　8　9　10

一点不可信　非常可信

（9）您认为 A 公司管理层采取的风险管理措施的合理程度如何？

0　1　2　3　4　5　6　7　8　9　10

合理程度低　合理程度高

（10）您认为A公司管理层采取的风险管理措施对公司的有利程度如何？

0　1　2　3　4　5　6　7　8　9　10

一点没有利　　　　非常有利

（11）您对A公司管理层采取的风险管理措施的满意程度如何？

0　1　2　3　4　5　6　7　8　9　10

一点不满意　　　　非常满意

（12）您认为A公司管理层的胜任能力如何？

0　1　2　3　4　5　6　7　8　9　10

一点不胜任　　　　非常胜任

（13）您认为A公司披露的风险信息对您的投资决策有多大影响？

0　1　2　3　4　5　6　7　8　9　10

一点没影响　　　　影响很大

（14a）在本案例中，A公司是否使用了燃油期货合约对燃油价格波动风险进行套期保值？

[　　] 是　　　　[　　] 否

（14b）如果您对（14a）回答“是”，请您回答，在本案例中A公司是否披露了燃油价格波动的净风险信息？

[　　] 是　　　　[　　] 否

（15）在本案例中，A公司是否披露了燃油价格波动10%导致利润总额增加的信息？

[　　] 是　　　　[　　] 否

人口统计信息：

①您的性别是：□男　□女

②您的年龄是______岁。

③您以前是否投资过股市？　□是　□否

④如果投资过股市，您有多少年投资经验？______年

⑤如果未投资股市，您是否准备投资股市？　　□是　　□否

⑥您对衍生金融工具的熟悉程度如何？

0　　1　　2　　3　　4　　5　　6　　7　　8　　9　　10

一点不熟悉　　　　　　　　　　　　　　　　　　　　非常熟悉

⑦您曾学过多少门财务和会计课程？______门

⑧您参加工作有多少年？______年